O BRASIL NO CAPITALISMO DO SÉCULO XXI

Universidade Estadual de Campinas

Reitor
Antonio José de Almeida Meirelles

Coordenadora Geral da Universidade
Maria Luiza Moretti

Conselho Editorial

Presidente
Edwiges Maria Morato

Carlos Raul Etulain – Cicero Romão Resende de Araujo
Dirce Djanira Pacheco e Zan – Frederico Augusto Garcia Fernandes
Iara Beleli – Marco Aurélio Cremasco – Pedro Cunha de Holanda
Sávio Machado Cavalcante – Verónica Andrea González-López

Marcio Pochmann
Luciana Caetano da Silva

O BRASIL NO CAPITALISMO DO SÉCULO XXI

desmodernização e
desencadeamento intersetorial

EDITORA UNICAMP

FICHA CATALOGRÁFICA ELABORADA PELO
SISTEMA DE BIBLIOTECAS DA UNICAMP
DIVISÃO DE TRATAMENTO DA INFORMAÇÃO
Bibliotecária: Maria Lúcia Nery Dutra de Castro – CRB-8ª / 1724

P75b Pochmann, Marcio
O Brasil no capitalismo do século XXI : desmodernização e
desencadeamento intersetorial / Marcio Pochmann e Luciana
Caetano da Silva. – Campinas, SP : Editora da Unicamp, 2023.

1. Capitalismo (Economia) – Brasil – Sec. XXI. 2. Matérias-primas – Exportação – Brasil. 3. Produção (Economia) – Brasil.
4. Neoliberalismo. I. Silva, Luciana Caetano da. II. Título.

CDD – 330.1220981
– 333.70981
– 338.50981
– 320.513

ISBN 978-85-268-1618-3

Copyright © by Marcio Pochmann e Luciana Caetano da Silva
Copyright © 2023 by Editora da Unicamp

1ª reimpressão, 2025

Opiniões, hipóteses e conclusões ou recomendações expressas
neste livro são de responsabilidade dos autores e não
necessariamente refletem a visão da Editora da Unicamp.

Direitos reservados e protegidos pela lei 9.610 de 19.2.1998.
É proibida a reprodução total ou parcial sem autorização,
por escrito, dos detentores dos direitos.

Foi feito o depósito legal.

Direitos reservados a

Editora da Unicamp
Rua Sérgio Buarque de Holanda, 421 – 3º andar
Campus Unicamp
CEP 13083-859 – Campinas – SP – Brasil
Tel./Fax: (19) 3521-7718 / 7728
www.editoraunicamp.com.br – vendas@editora.unicamp.br

*O Brasil enriqueceu, desenvolveu-se, mas mantém sua subordinação
aos grandes centros, às decisões negociadas fora do país.
Há hoje no mundo algum país que crie empregos na agricultura?
Desde 1990 o Brasil criou 4 milhões, mesmo sendo de subsistência.
É o nosso milagre: a terra.*
Celso Furtado

Subdesenvolvimento não se improvisa, é obra de séculos.
Nelson Rodrigues

*A prosperidade de alguns homens públicos do Brasil é uma prova
evidente de que eles vêm lutando pelo progresso
do nosso subdesenvolvimento.*
Stanislaw Ponte Preta

SUMÁRIO

Apresentação
Os três tempos do Brasil na condição de periferia
do capitalismo mundial 9

1. O Brasil à deriva no capitalismo nascente 17

1.1 O capitalismo mundial na virada para o século XX 21

1.2 O capitalismo nascente no Brasil 26

    1.2.1 O sentido da mudança republicana 30

    1.2.2 Fundamentos políticos da transição capitalista 34

    1.2.3 Transição capitalista e Divisão Internacional do Trabalho ... 43

    1.2.4 Brasil e suas regiões sob o domínio do modelo
    primário-exportador 46

2. O Brasil na conservadora modernização capitalista 53

2.1 A consolidação da hegemonia dos EUA na primeira fase da
desglobalização capitalista 59

2.2 A construção da modernidade capitalista no Brasil 64

    2.2.1 A modernização do Brasil no capitalismo periférico 67

    2.2.2 A consolidação política antiliberal no interior da construção da
    sociedade urbana e industrial 72

    2.2.3 O Brasil sob a hegemonia estadunidense no sistema capitalista
    mundial 78

    2.2.4 O fim do arquipélago na ordem do progresso interno desigual ... 85

3. O Brasil na desmodernização neoliberal..................... 95

3.1 O esgotamento da Ordem Mundial e o novo recentramento
do mundo.. 101

    *3.1.1 O declínio relativo dos Estados Unidos e a desfiguração do
sistema interestatal do pós-Segunda Guerra Mundial*.................. 103

    3.1.2 Financeirização e capitalismo oligarca.............................. 109

3.2 O movimento geral da desmodernização capitalista no Brasil............. 114

    3.2.1 A maioria política neoliberal na desmodernização do Brasil........ 116

    *3.2.2 Implicações internas da globalização e do deslocamento do centro
dinâmico mundial para o Brasil na periferia do capitalismo*............. 123

    *3.2.3 A ruína da sociedade urbana e industrial e a financeirização
dos pobres*.. 128

**4. Brasil: dinâmica espacial e enfraquecimento do encadeamento
intersetorial**... 135

4.1 Dinâmica e reconfiguração interna da economia nacional
no século XXI 142

4.2 A influência das balanças comerciais externa e interestadual sobre
a dinâmica da economia nacional com base nas Grandes Regiões....... 153

    4.2.1 Região Sudeste.. 157

    4.2.2 Região Nordeste.. 161

    4.2.3 Região Sul.. 168

    4.2.4 Região Centro-Oeste 170

    4.2.5 Região Norte... 173

Referências bibliográficas 179

APRESENTAÇÃO

OS TRÊS TEMPOS DO BRASIL NA CONDIÇÃO DE PERIFERIA DO CAPITALISMO MUNDIAL

A pobreza intelectual e moral do Brasil é
muito maior do que a pobreza material.

João Manuel Cardoso de Mello

Os 200 anos que se sucederam à declaração da independência nacional, em 1822, podem ser divididos em quatro distintos períodos: mercantilismo, liberalismo, desenvolvimentismo e neoliberalismo. O primeiro, relativo ao modo de produção pré-capitalista, refere-se ao Império (1822-1889), que prevaleceu por 67 anos assentado no trabalho escravo sob a dominância do Estado absolutista a sustentar a família real, a nobreza e o clero.

A Primeira República ou República Velha (1889-1930), que durou 41 anos, constituiu o segundo período, estruturado em torno do Estado mínimo liberal a fomentar o capitalismo nascente, condicionado pelos interesses da oligarquia agrarista primário-exportadora. Da Revolução de 1930 à transição democrática da metade dos anos 1980, o terceiro período corresponde ao avanço modernizador do capitalismo urbano e industrial.

Conduzido pelo Estado desenvolvimentista, o sistema produtivo se tornou complexo, diversificado e integrado, porque, associado à substituição de importações, permitiu estruturar, em grande dimensão, a burguesia, a classe média assalariada e o operariado manufatureiro. O quarto período, iniciado ao final da década de 1980, contempla a desmodernização assentada na regressão estrutural do sistema produtivo, com ampla expansão de massas sobrantes ao regime do capital.

Pela hegemonia neoliberal, o modelo econômico atual da especialização rentista e da reprimarização exportadora avançou capturado pela reforma gerencial do Estado, geradora da tecnoburocracia antidesenvolvimentista. Ao lado da ruína das classes básicas do capitalismo industrial, houve a ascensão do complexo primário-exportador articulado ao setor financeiro especulativo e ao comércio importador.

Em simples comparação temporal, os quatro distintos períodos podem ser hierarquizados segundo indicadores econômicos selecionados. Ao considerar o comportamento do Produto Interno Bruto (PIB) *per capita*, nota-se, por exemplo, que o período atual (neoliberal) apresenta o pior desempenho econômico de todo o regime republicano, desde 1889.

Nas últimas quatro décadas, por exemplo, o PIB *per capita* cresceu a uma média de 0,6% ao ano, enquanto, no período de modernização desenvolvimentista, entre as décadas de 1930 e 1970, a renda nacional dividida por habitantes aumentou 3,3% como média anual. Na República Velha (1889-1930), quando o capitalismo era nascente, o PIB *per capita* cresceu, em média, 0,7% ao ano.

Percebe-se, portanto, que o período atual consegue superar somente o do Império, quando o modelo de produção era pré--capitalista e a expansão média anual do PIB *per capita* foi de apenas 0,3% ao ano. A razão da prevalência do desempenho da renda nacional *per capita* muito desfavorável a partir de 1980 é fundamentalmente a perda do vigor econômico nacional.

Isso porque o crescimento médio anual da população brasileira foi o menor de todos os tempos. Entre 1980 e 2020, por exemplo, a expansão média anual da população nacional foi de somente 1,4%, ao passo que durante o Império foi de 1,7%.

No liberalismo, entre os anos 1889 e 1930, por exemplo, a população brasileira cresceu 2,2% ao ano. No período desenvolvimentista, entre os anos 1930 e 1980, o número de brasileiros aumentou 2,6% ao ano, a maior expansão média anual dos últimos 200 anos.

Do ponto de vista econômico, o esvaziamento da vitalidade nacional se encontra associado à forma com que o país ingressou na globalização a partir de 1990. Passiva e subordinadamente, o Brasil internalizou a fórmula balsâmica das altas taxas de juros combinada com a valorização cambial, acreditando que o problema do atraso nacional se devia ao Estado desenvolvimentista.

A primazia da condução neoliberal desde então se procedeu como se fosse uma espécie de segunda abertura dos portos "às nações amigas". Na primeira abertura dos portos, conduzida por D. João VI, em 1808, assistiu-se ao ingresso na Era Industrial pela condição de comprador de bens e serviços industriais subordinada ao modelo econômico agrarista primário-exportador.

Isso somente foi rompido pela Revolução de 1930, quando o Brasil se afirmou na Era Industrial como país que de importador se transformou em exportador de bens e serviços industriais, alguns anos depois. Para isso, o liberalismo deu lugar ao nacional--desenvolvimentismo, próprio da fase da desglobalização capitalista registrada entre as décadas de 1910 e 1970.

Na segunda abertura dos portos, o Brasil ingressou na atualidade da Era Digital enquanto grande país consumidor. Ao deixar de produzir internamente os bens e serviços digitais, o país passou a perseguir, novamente, o modelo primário-exportador, com o agravante de ter se convertido em plataforma de financeirização do estoque de riqueza velha.

Ou seja, o Brasil passou a repetir, guardada a devida proporção, a crescente dependência das receitas advindas das exportações de produtos primários e semiprocessados (especialização produtiva) para financiar importações de bens e serviços digitais. Com isso, o dinamismo econômico interno foi muito enfraquecido pelo abandono do sistema produtivo complexo, diversificado e integrado, o que explicita o desastre econômico do período neoliberal atual.

O reposicionamento do Brasil na Divisão Internacional do Trabalho (DIT) foi um importante sinal disso. De um lado, ocorreu a expansão das exportações no período 2000-2021, assentada, majoritariamente, na tríade agricultura-pecuária-extrativismo. Em maior grau, as Unidades Federativas (UF) caracterizadas como periféricas da dinâmica nacional obtiveram certo protagonismo. Até os anos 1980, mantinham baixíssima participação no PIB nacional, ademais da contida densidade demográfica. De outro, houve a maior aquisição externa de máquinas e equipamentos, mantida em torno de 40% das importações nacionais. Ao longo do primeiro quarto do século XXI, a crescente dependência externa nos bens e serviços de maior valor agregado e conteúdo tecnológico terminou por aprofundar o sentido do subdesenvolvimento nacional.

A despeito de revelar uma tendência à especialização, a balança comercial externa é localizada, com a particularidade do baixo encadeamento intersetorial, convergindo para a perda do vigor econômico nacional. A análise mais ampla realizada combinadamente com os dados da balança comercial interestadual, da participação setorial no Valor Adicionado Bruto (VAB) e da representação regional na produção nacional indica o quanto o desencadeamento intersetorial compromete o sistema produtivo nacional integrado, complexo e articulado herdado do projeto nacional-desenvolvimentista.

Nessas condições, o Brasil se encontra atualmente submetido à nova condição periférica que se configura no interior do sistema capitalista mundial. A cada uma de suas fases (comercial, industrial, financeira e, atualmente, informacional), o capitalismo opera a partir da existência de um centro dinâmico específico que compõe, diante de suas próprias circunstâncias, o seu entorno periférico.

Para assumir o centro dinâmico, três são os seus elementos constitutivos: moeda de curso internacional, poder militar e produção e difusão tecnológicas. Uma vez constituída essa tríade centralizadora, a hierarquia do sistema capitalista se consolida; sendo atualizada ao longo do tempo a relação direta e indireta com a periferia de países e regiões do mundo.

O Brasil pós-colonial se manteve relacionado perifericamente com os distintos centros dinâmicos ocidentais. Há 200 anos, por exemplo, com a crise do sistema colonial europeu, o Brasil emergiu através da montagem do Estado nacional, integrando-se à perspectiva do desenvolvimento capitalista liderada pela Inglaterra e ancorada ainda na prevalência da sociedade agrária.

Na época, a integração brasileira transcorreu na forma periférica, pagando a conta do consumo importado de bens e serviços industriais com a receita obtida pelo aprofundamento da exportação de produtos primários. No século XX, com a decadência inglesa e a ascensão estadunidense, a condição periférica do Brasil foi alterada, passando à posição de semiperiferia, com a internalização da produção de manufaturas e a constituição da nova sociedade urbana e industrial.

Neste início do século XXI, com os sinais crescentes do declínio estadunidense e a ascensão da Ásia, especialmente da China, avança o capitalismo informacional. Nesse cenário, o Brasil vem alterando a sua condição periférica, regredindo da posição alcançada de semiperiferia produtora e exportadora de bens industriais para a de periferia primário-exportadora.

A desistência histórica das elites desde a virada para o século XXI asfaltou a passagem para a nova condição periférica, cada vez mais rebaixada. Isso porque a resistência política interna, que até então procurava resguardar a soberania nacional, concomitante com as garantias possíveis de vida e trabalho melhores para todos, passou a ser minada interna e externamente.

Em face da inédita fase do capitalismo informacional, que se estrutura fortemente polarizado internacionalmente, transcorre o deslocamento do centro dinâmico do mundo do Ocidente para o Oriente. Nesse contexto, o Brasil, que aderiu à globalização de forma equivocada, pois passiva e subordinadamente, terminou perdendo graus de articulação e integração do seu complexo e diversificado sistema produtivo acumulado até o final dos anos 1980.

O resultado disso é o seu reposicionamento na DIT, passando de produtor e exportador de bens manufaturados para ser majoritariamente primário-exportador. Por consequência, a perda de vitalidade interna da economia nacional tornou o país crescentemente dependente de estímulos estrangeiros, uma vez que as decisões internas de produzir *commodities* não decorrem do atendimento ao consumo nacional, mas advêm da demanda externa.

O que sobra ao Brasil atual tem sido o avanço do capitalismo de plataforma, que, ao destruir o emprego da classe média e do operariado industrial, encaminha o novo movimento da desproletarização das grandes massas sobrantes à situação de mera subsistência. Nessas condições, o papel do Estado tem se limitado à gestão das emergências, buscando postergar – como se comprasse tempo – a própria barbárie.

Para tanto, o Estado busca oferecer, ao andar de cima, a valorização financeira do estoque de sua riqueza velha, enquanto, ao andar de baixo, restam os programas assistenciais de formação das clientelas políticas conduzidas pelo renovado mandonismo e coronelismo digital. Essa perspectiva não abre a possibilidade de reversão da trajetória periférica atual, a consolidar o país na situação de quarto maior consumidor/importador de bens e serviços digitais e um dos principais exportadores de produtos primários no mundo.

O reconhecimento de que o Brasil se encontra diante de uma nova condição periférica, regressiva, moldada pelo processo de desmodernização neoliberal, requer outra orientação nacional, assentada na formação de uma nova maioria política, capaz de construir outro horizonte de expectativas superiores para o conjunto da população. Do contrário, prevalece o rumo atual, que cancela o futuro da nação.

1
O BRASIL À DERIVA NO CAPITALISMO NASCENTE

Tudo está estremecido: a ordem e a liberdade.
Se o presente aflige, o futuro assusta.

Diário do Rio de Janeiro

O prolongamento da segunda fase da escravidão moderna tornou tardia a construção do capitalismo no Brasil, em que a transição da formação social pretérita decorreu da especificidade do processo de revolução política burguesa. A Abolição da Escravatura (1888) e a Proclamação da República (1889) constituíram o ponto final da passagem para o capitalismo, iniciada ainda na década de 1850, quando o arranjo jurídico-institucional incorporou parte dos interesses da burguesia em formação no país.

A edificação de aparato legal pelo Estado imperial no Segundo Reinado (1840-1889) reconheceu e legitimou a posse e a propriedade privada através da Lei de Terras, em 1850. No mesmo ano, a institucionalização do Código Comercial regulou as atividades comerciais e profissionais de comerciantes, bem como definiu o aparato jurídico-burocrático necessário à garantia da efetividade da classe mercantil em estruturação no Brasil.

Da mesma forma, a aprovação da Lei Eusébio de Queirós interrompeu o longevo e extremamente lucrativo tráfico negreiro, central à elite brasileira e a interesses externos, como os dos Estados Unidos da América (EUA), o principal construtor de navios ao comércio de escravos. A própria Inglaterra, que atuou fortemente contra o tráfico no Brasil, manteve posição amena no caso de Cuba, sob o risco de anexação pelos EUA.

Para um país cuja trajetória estava vinculada diretamente ao tráfico negreiro, responsável por 12,4 milhões de africanos embarcados por navios, sendo 1,8 milhão de mortos durante a viagem, o rompimento com a escravidão não foi simples. Em plena década de sua Independência, o Brasil detinha 2/3 de sua população constituída por escravos, e a sua capital, a cidade do Rio de Janeiro, foi a maior cidade escravista desde a Roma Antiga.

Além disso, os lucros provenientes da produção para exportação, como a do café, eram a justificativa para a elite brasileira da época transigir com o horror humano da escravidão. O próprio dinheiro do tráfico e dos senhores de escravos formava parte do orçamento do Estado imperial e dirigia a política no Brasil.

Com o fim do tráfico negreiro, o contido aumento vegetativo da mão de obra escrava e o crescente custo interno do comércio interprovincial tornavam a escravidão finita ao longo do tempo, exigindo o ensaio com o trabalho livre, experimentado durante a Monarquia. Trinta e oito anos depois da aprovação da Lei Eusébio de Queiroz, de 1850, o Brasil avança na constituição do mercado de trabalho assalariado, base do avanço do capitalismo no país.

Diferentemente do padrão europeu, a transição capitalista no Brasil expressou especificidades decorrentes dos limites próprios da economia nacional escravista. Junto das restrições técnicas e econômicas, seja o caráter predatório dos recursos naturais, seja o escasso desenvolvimento tecnológico nas atividades produtivas, havia as limitações políticas e sociais dominantes na formação da sociedade brasileira.

Tudo isso contribuiu para que a constituição do capitalismo transcorresse sem bases materiais suficientemente amplas e profundas para a irradiação da revolução burguesa clássica. A ausência do componente democrático confirmou o domínio do latifúndio e a afirmação do modelo econômico primário-exportador obstaculizador do acesso ao mercado de massa à produção interna de manufaturas.

A desagregação do trabalho forçado não perseguiu a constituição de uma ampla classe camponesa, especialmente com escravos libertos, embora a reforma agrária fizesse parte do movimento abolicionista, estabelecido desde o final da década de 1860. Colocada à margem do mercado de trabalho em formação, sobretudo no Sudeste, onde prevaleciam as atividades econômicas mais dinâmicas do país, a população negra e miscigenada se tornou inorgânica, pois sobrante aos requisitos do capitalismo nascente.

O componente orgânico da força de trabalho se deu pela abundante oferta de mão de obra imigrante da Europa, fundamentalmente branca. Em vez da restrição legal ao trabalho livre estabelecida durante a escravidão, passou a operar, na transição para o capitalismo no Brasil, o racismo materializado pelo projeto de branqueamento da sociedade. Segundo o censo demográfico de 1872, 2/3 do total dos habitantes brasileiros eram compostos por população não branca. Em 1940, por exemplo, o inverso era realidade, com 2/3 dos brasileiros declarados brancos.

Por um lado, interessa mencionar a certa lentidão para a transição capitalista no Brasil, se comparada com a experiência clássica de revolução burguesa. Tendo sido iniciada em 1850, com a Lei de Terras, o código comercial e o fim do tráfico negreiro, cujo ponto central ocorreu entre os anos 1880 e 1890, com a Abolição da Escravatura, a Proclamação da República e a nova Constituição, a revolução política burguesa somente se consolidou no final da década de 1950, com o predomínio das atividades industriais.

O entrelaçamento histórico das burguesias agrária e industrial assenta-se no subdesenvolvimento e na dependência externa, que fundamentam a condição periférica do Brasil no sistema capitalista mundial. Com isso, a estrutura de classes no país revela o quanto o bloco dominante se associa ao capital estrangeiro.

Desde o começo da transição para o capitalismo, o imperialismo se fez presente nas atividades de exploração mineral, nos serviços públicos (ferrovia, transporte urbano, energia elétrica e telefonia) e nas atividades financeiras (financiamento governamental e comércio externo). O espaço de constituição de uma burguesia interna no Brasil decorreu tanto da renúncia a protagonizar a industrialização nacional como da sujeição tecnológica.

Por outro lado, cabe destacar o regime político posto em marcha com a transição para o capitalismo no Brasil. O autoritarismo e a violência que marcam a trajetória da revolução política burguesa revelam a escassa cultura democrática no país.

Durante a República Velha, por exemplo, o capitalismo nascente conviveu com a inédita experiência de partido único, em completa ausência de partido nacional. A pluralidade partidária, verificada nos períodos de vigência da democracia representativa entre 1945 e 1964 e entre 1985 e 2016, foi interrompida por golpes de Estado.

O bloqueio democrático às massas, com a contenção da organização e da representação popular, faz parte da revolução política burguesa, interessada na prevalência do seu controle sobre os aparelhos de Estado. Quando ela é fortemente contrariada, o apego ao autoritarismo golpista se estabelece, motivado pelos interesses dominantes da burguesia interna, em geral associada às forças imperialistas.

Nesse quadro introdutório que se buscou conferir ao Brasil sob a deriva do capitalismo nascente, foram abordados os marcos pelos quais a mudança econômica se processou a partir do final do século XIX. Apresenta-se a seguir uma breve descrição a respeito da materialização das estruturas de poder a dominar a nova formação social durante a República Velha (1889-1930).

1.1 O CAPITALISMO MUNDIAL NA VIRADA PARA O SÉCULO XX

O último quarto do século XIX registrou transformações profundas no interior do centro do sistema capitalista, com repercussões importantes na formação de sua periferia mundial.

O centro do Império Inglês começava a apresentar os primeiros sinais de decadência, tendo o centro financeiro de Londres (City of London) assumido função relevante diante das tentativas em curso de construir um novo sistema multipolar mundial.

De um lado, o fim da Guerra Civil nos EUA (1861-1865) e, de outro, a Unificação Alemã (1871) impactaram a balança de poder mundial, centrada na Inglaterra desde o fim das Guerras Napoleônicas (1803--1815). A expansão do sistema de tarifas de proteção e a do crédito produtivo, bem como o salto na construção de ferrovias, abriram novas vias de expansão capitalista, em alternativa ao monopólio do livre comércio inglês.

Em contrapartida, o Reino Unido passa a se mover para manter o controle das suas colônias, ao mesmo tempo que procura manter o padrão monetário ouro-libra. Nesse contexto, a primeira onda de globalização capitalista predomina até a Primeira Guerra Mundial (1914-1918), quando o liberalismo entra em declínio diante da ascensão do nacionalismo e o comércio externo entra em colapso.

Antes da globalização liderada pela Inglaterra, o comércio externo era impulsionado principalmente pelo colonialismo. Isso ocorria através dos fluxos transoceânicos de mercadorias entre impérios e colônias, constitutivos de parcela majoritária do comércio externo mundial.

Desde o início do século XIX, pode-se observar a trajetória de aceleração do comércio externo medido pela relação das exportações com a produção no mundo. Diante da queda dos custos de transação, do padrão monetário ouro-libra e do domínio do poder militar inglês, a primeira onda de globalização se caracterizou pelo comércio interindustrial.

Em síntese, os países exportavam mercadorias muito diferentes daquelas que importavam, sendo a Inglaterra simultaneamente vendedora de máquinas e equipamentos ao mundo e compradora de lã da Austrália, chá da Índia, café do Brasil, entre outros.

Após ter experimentado um século de intensa expansão na produção material em face da consolidação da Primeira Revolução Industrial na década de 1760, a Inglaterra iniciou os anos 1870 acompanhada pela primeira Grande Depressão capitalista (1873-1896). Com isso, o país, que possuía o Produto Interno Bruto (PIB) 1,8% superior ao dos EUA em 1870, passou, em 1890, a deter um PIB 29,3% inferior ao dos EUA. Dezoito anos depois, em 1908, a Alemanha ultrapassou o PIB inglês, e, em 1914, o valor do PIB dos EUA era 2,1 vezes superior ao da Inglaterra.

Em cinco décadas (1870 e 1920), a economia-mundo registrou embates intensos em torno da liderança hegemônica inglesa. Diante do declínio produtivo e do avanço da Segunda Revolução Industrial, posta em marcha especialmente pelos EUA e pela Alemanha, o Império Inglês procurou resistir, conduzido por seu expansionismo financeiro.

Ao contrário da Divisão Internacional do Trabalho (DIT) assentada no livre comércio defendido pela Inglaterra, a recentralização da economia mundial passou pelo estabelecimento de novas vantagens comparativas. De maneira geral, o nacionalismo e o protecionismo foram destaque por parte dos EUA (1815-1914) e da Alemanha (1840-1914).

Do ponto de vista da manufatura, a Inglaterra, que respondia por 23% da produção mundial em 1880, decaiu para 9,9% em 1928. No mesmo período, os EUA aumentaram a participação relativa na produção industrial mundial de 14,7% para 39,3%, enquanto a Alemanha saltou de 8,5% para 11,6%.

Com o declínio do nível de preços das matérias-primas, dos produtos alimentícios e dos bens industriais, a deflação tornou mais acirrada a competição intercapitalista. Ao mesmo tempo, o movimento de concentração e centralização do capital transcorreu acompanhado de mobilizações urbanas motivadas pelas precárias condições de vida da classe trabalhadora, estimulando o aparecimento do novo sindicalismo e dos partidos de base trabalhista.

No bojo da Segunda Revolução Industrial, a expansão da grande empresa impactou a estrutura competitiva dos mercados, impondo processo de monopolização/cartelização capitalista diante das enormes escalas de produção de bens e serviços. Da integração do capital bancário com o industrial, emergiu o capital financeiro, responsável tanto pelo enorme salto na amplitude dos financiamentos produtivos como pela valorização rentista do capital a juros.

Entre o final dos anos 1890 e o começo da década de 1910, os países de capitalismo avançado apresentaram certa bonança, definida pela expressão *Belle Époque*. No período seguinte, contudo, a evolução do sistema-mundo foi confrontada por inéditos acontecimentos, que abalaram as economias nacionais.

De um lado, a Primeira Grande Guerra marcou o fim da hegemonia inglesa no capitalismo mundial, encerrando a primeira onda de globalização conduzida pelo imperialismo de países em defesa da expansão de suas grandes empresas. Nesse sentido, o período aberto com as guerras mundiais não deixou de expressar disputas intensas no interior do centro capitalista global pela definição da nova condição hegemônica a suceder a Inglaterra, especialmente entre os EUA e a Alemanha.

De outro lado, o fim da hegemonia inglesa coincidiu com a Revolução Russa, em 1917, com a instalação, em uma grande dimensão territorial, de um modo de produção alternativo ao capitalismo. Embora tenha se colocado ao lado dos EUA em relação ao enfrentamento alemão, a União das Repúblicas Socialistas Soviéticas (URSS) trilhou caminho próprio, com impactos significativos para a economia-mundo, fundamentalmente a partir do final da Segunda Guerra Mundial (1939-1945).

Diante disso, o sistema de relações econômicas e políticas internacionais consolidou a hierarquia centro-periferia moldada por um conjunto de atividades assentadas na interconexão de cadeias externas e internas de mercadorias a superar as fronteiras entre nações (imperialismo) e colônias (colonialismo). A partir do salto tecnológico produtor de novos bens e serviços, o desenvolvimento capitalista estabelece ciclos de acumulação, contendo duas fases principais, a expansão material e a financeira.

Em cada ciclo de acumulação mobilizado a partir do centro dinâmico, a sua propagação em âmbito mundial vai inserindo a todos, configurando subordinadamente a condição periférica. Por ser um sistema de natureza histórica, o capitalismo do final do século XIX se encontrava em sua fase financeirizada, conduzida pela hegemonia inglesa.

A expansão financeira daquela época apontava para os estertores do ciclo de acumulação de capital, impondo a busca por rentabilidade para além da esfera de produção material. O acirramento da competição intercapitalista passou a indicar novas estruturas que fundamentariam o novo ciclo de expansão, hegemonizado, posteriormente, pelos EUA.

Na transição de um para outro ciclo de acumulação, a relação entre dinheiro e poder em escala mundial se torna o marcador especial da intensa disputa pela hegemonia no interior do sistema interestatal. Por consequência, movimentos não espontâneos de reestruturações e reorganizações globais emergem de iniciativas convergentes entre Estado e capitalistas.

De maneira geral, partem de ações no cume da hierarquia do sistema capitalista decorrentes de esferas monopolizadas e mais rentáveis geradoras de lucros extraordinários. Em operações extramercados, as decisões do investimento capitalista exigem ampla flexibilidade a partir de sua estreita relação com o Estado em busca do domínio em escala global.

Assim, o sistema capitalista a partir do final do século XIX se fundamentou, a princípio, na consolidação das grandes corporações integradas verticalmente e administradas burocraticamente, com escalas de dimensão supranacional. Em pleno padrão monetário britânico ouro-libra, o comércio mundial foi se reestruturando sob a presença de outros países, em especial a estadunidense e a alemã.

Com a Primeira Guerra Mundial, o sistema monetário global fomentado a partir da Inglaterra se inviabilizou, o que comprometeu a continuidade das trocas internacionais no mesmo ritmo anterior. Com isso, o aumento da oferta no interior das grandes economias em fase de industrialização acelerada retardou a lucratividade pela expansão da esfera da produção material, o que se tornou crescentemente atrativo para a expansão financeira nos circuitos especulativos de Londres e Nova York.

A instabilidade econômica se instalou até a explosão, sem precedentes, da Grande Depressão de 1929, cujas consequências políticas nos países de capitalismo avançado eram gravíssimas. Enquanto o nazifascismo ascendia, a URSS se organizava de forma avançada pela estruturação dos planos quinquenais, colocando por terra a experiência da Liga das Nações de organização hierárquica do capitalismo mundial.

O esgotamento da hegemonia inglesa e de sua complexa rede de comércio mundial a integrar a totalidade periférica enquanto fonte de abastecimento e insumos colocou em marcha um conjunto de novas rivalidades. Diante do capitalismo de grandes conglomerados

26 | O BRASIL À DERIVA NO CAPITALISMO NASCENTE

produtores de bens de capital e de manufaturados da Segunda Revolução Industrial, tanto a autorregulação e a ação de instituições privadas como o Estado liberal mínimo se tornaram inoperantes. Pela prática das grandes corporações empresariais privadas, a formação do sistema de preços pela tradicional via do mercado perdia sentido à medida que passavam a se generalizar cartéis entre empresas concorrentes. Diferentemente dos EUA, contudo, a grande organização produtiva alemã apresentava restrições de acesso às fontes de abastecimento, o que a pressionava por integração horizontal em face do seu relativamente contido espaço nacional.

Na modalidade de integração vertical, por exemplo, as corporações estadunidenses incorporavam praticamente a totalidade da cadeia produtiva de suprimentos ao bem e ao serviço final (fordismo). Assim, conseguiam estabilizar custos, com maior previsibilidade sobre as fontes de insumos e os ganhos lucrativos.

Compatível com o desmoronamento da hierarquia da economia-mundo centrada na hegemonia inglesa, o sistema capitalista instalaria, a partir do final do século XIX, acentuadas transformações e indefinições. No contexto internacional de intenso e desregulado acirramento da competição imperialista, o Brasil transitou de uma economia nacional escravista para uma capitalista, cujas características principais são destacadas a seguir.

1.2 O CAPITALISMO NASCENTE NO BRASIL

A posição de longevos proprietários escravistas assumida pelos fazendeiros no Brasil constrangia a necessidade da abolição da escravatura, impondo crescentes perigos da demora. Conforme destacou Joaquim Nabuco:

O BRASIL NO CAPITALISMO DO SÉCULO XXI | 27

Vinte anos a mais de escravidão, é a morte do país. Vinte anos de escravidão, por outro lado, quer dizer durante todo esse tempo o nome do Brasil inquinado, unido com o da Turquia, arrastado pela lama da Europa e pela América, objeto de irrisão na Ásia de tradições imemoriais, e na Oceania três séculos mais jovem do que nós. Como há de uma nação, assim atada ao pelourinho do mundo, dar ao seu exército e à sua marinha, que amanhã podem talvez ser empregados em dominar uma insurreição de escravos, virtudes viris e militares, inspirar-lhes o respeito da pátria? Como pode ela igualmente competir, ao fim desse prazo de enervação, com as nações menores que estão crescendo ao seu lado, a República Argentina a razão de quarenta mil imigrantes espontâneos e trabalhadores por ano, e o Chile homogeneamente pelo trabalho livre, com todo o seu organismo sadio e forte? Manter por esse período todo a escravidão como instituição nacional equivale a dar mais vinte anos para que exerça toda a sua influência mortal à crença de que o Brasil precisa da escravidão para existir: isso, quando o Norte, que era considerada a parte do território que não poderia dispensar o braço escravo, está vivendo sem ele, e a escravidão floresce apenas em S. Paulo, que pode pelo seu clima atrair o colono europeu, e com o seu capital pagar o salário pelo trabalho que empregue, nacional ou estrangeiro. Se esperar vinte anos quisesse dizer preparar a transição por meio da educação do escravo; desenvolver o espírito de cooperação; promover indústrias; melhorar a sorte dos servos da gleba; repartir com eles a terra que cultivam na forma desse nobre testamento da Condessa do Rio Novo; suspender a venda e a compra de homens; abolir os castigos corporais e a perseguição privada; fazer nascer a família, respeitada apesar de sua condição honrada em sua pobreza; importar colonos europeus: o adiamento seria por certo um progresso; mas tudo isso é incompatível com a escravidão no seu declínio, na sua bancarrota, porque tudo isso significaria aumento de despesa e ela só aspira reduzir o custo das máquinas humanas de que se serve e a dobrar-lhes o trabalho.[1]

---

[1] Nabuco, 2011, p. 129.

Na época, a condução de mudanças radicais em relação à modernização capitalista dizia respeito à passagem do Estado absolutista para o Estado burguês. Isso porque a simples extinção do trabalho escravo não converteria imediatamente os proprietários de terras em capitalistas, exigindo, portanto, a presença de outros segmentos sociais na construção da ordem capitalista.

Apesar de os proprietários rurais terem sido a classe social derrotada pelo fim da escravidão, terminaram sendo, por sua vez, vitoriosos na política e na economia, diante da forma com que o Brasil transitou para o capitalismo. Mesmo compondo o segmento econômico mais dinâmico do país, os cafeicultores do Sudeste seguiam vinculados ao uso do trabalho forçado.

Entre 1836 e 1886, por exemplo, o número de escravos pertencentes aos cafeicultores do Sudeste passou de 3,6 mil, em 1836, para 67 mil, em 1886. Nesses 50 anos, o aumento absoluto foi de mais de 63 mil escravos, com expansão média de 6% ao ano. Em 1888, cerca de 75% da população escrava se encontrava concentrada na região Sudeste.

Concomitantemente com o trabalho escravo, o colonato foi se estendendo, o que não indicou, necessariamente, o desejo dos fazendeiros pelo abandono do trabalho forçado. Em face da escassez da oferta geradora do enfraquecimento do tráfico escravista interprovincial, o trabalho forçado existente passou a ser combinado com o regime de colonato.

Ao mesmo tempo, o sucesso da empresa mercantil escravista expressou os limites próprios de sua expansão com base na escravidão. Com subsídios estatais à imigração europeia, o escravo africano foi substituído, o que viabilizou a abolição da escravatura de interesses dos proprietários.

Dessa forma, o antigo fazendeiro escravista foi se transformando no homem de negócios capitalistas. Contribuiu para isso o surgimento das sociedades anônimas e dos bancos, bem como os investimentos realizados em infraestrutura associada à construção de ferrovias e outras atividades econômicas de natureza capitalista.

Na construção da ordem capitalista, um novo arranjo político se mostrou fundamental. Ao romper com a monarquia e o seu Estado absolutista sustentador de família real, nobreza e clero, a República consolidou a ascensão econômica do Sudeste, impulsionado pelo complexo cafeeiro paulista.

Entre 1873 e 1914, por exemplo, a participação do café no total das exportações brasileiras saltou de 50,2% para 60,4%. No mesmo período, a soma da participação do algodão e do açúcar, de grande influência no Nordeste, declinou de 29% para 3,2% no total das exportações do país, enquanto, em 1823, esses mesmos dois produtos, juntos, representavam 49% do total das vendas externas, e o café somente 18,7%.

A mudança na composição das exportações brasileiras impactou a dinâmica interna no território dominado pela forma de arquipélago econômico. No mesmo sentido produziu efeitos sobre a política interna, que tornaram disfuncional a monarquia e a defesa do mercantilismo.

A emergência republicana converteu o descontentamento político de parcela das elites em maioria convergente com a construção institucional da nova ordem capitalista. Assim, a efetividade do Estado burguês se viabilizou diante da passagem para a nova sociedade de classes.

A denominada República Velha (1889-1930) consistiu num tipo de arranjo político comprometido com a sustentação do modelo econômico primário-exportador. No contexto internacional, o Brasil aumentou a sua participação relativa no valor do PIB mundial, que passou de 0,84%, em 1890, para 1,05%, em 1930.

Nesse mesmo período, o Brasil se manteve na 17ª colocação no *ranking* dos países mais ricos do mundo. A seguir, analisa-se o

30 | O BRASIL À DERIVA NO CAPITALISMO NASCENTE

processo de consolidação do Brasil na condição periférica no sistema capitalista mundial desde o final do século XIX.

1.2.1 O sentido da mudança republicana

Com o Império derrotado por golpe de Estado, em 1889, a esperada revolução republicana se transformou em ciclo de governos liberais conduzidos como expressão das forças políticas atreladas à agricultura de exportação. Os ideais almejados desde o Manifesto Republicano de 1870 foram parcialmente incorporados ao Estado mínimo que sucedeu o absolutista imperial.

Através de uma elite política (magistrados, políticos e profissionais liberais) no comando dos aparelhos burocráticos do Estado, a ordem capitalista foi se afirmando entre o apoio político e aquele das rendas dos proprietários condutores do modelo primário-exportador e a coalização com outros setores sociais minoritários. Do patrimonialismo à burocracia, coube à elite letrada, em geral formada no exterior e que representava apenas 0,1% do total da população com Ensino Superior, a condução dos interesses do Estado capitalista em construção.

Na construção da ordem capitalista, o controle do poder desde a formação do Estado se realizou pela elite política, a combinar manutenção com transformação das estruturas sociais. Por isso, o hibridismo das ações coercitivas, combinadas com as persuasivas, permitiu que gradualmente o passado da nobreza e da Igreja se distanciasse, aproximando cada vez mais a burocracia civil e militar à representação política.

Na época, as insatisfações com o imobilismo conciliador e com a moderação programática do tempo monárquico fizeram convergir os setores progressistas em torno do programa radical de superação do Poder Moderador, da guarda nacional, do Conselho de Estado e da escravidão, sem indenização aos proprietários.

O BRASIL NO CAPITALISMO DO SÉCULO XXI | 31

Não reconhecendo nós outra soberania mais de que a soberania do povo, para ela apelamos. Nenhum outro tribunal pode julgar-nos: nenhuma outra autoridade pode interpor-se entre ela e nós. A bandeira da democracia, que abriga todos os direitos, não repele, por erros ou convicções passadas, as adesões sinceras que se lhe manifestem. A democracia pura, que procurava estabelecer-se em toda a plenitude de seus princípios, em toda a santidade de suas doutrinas, sentiu-se atraiçoada pelo consórcio falaz da realeza aventureira. Entre a sorte do povo e a sorte da família, foram os interesses dinásticos os que sobrepujaram os interesses do Brasil. Para o monarca brasileiro só há uma virtude, o servilismo! A soberania nacional só pode existir, só pode ser reconhecida e praticada em uma nação cujo Parlamento, eleito pela participação de todos os cidadãos, tenha a suprema direção e pronuncie a última palavra nos públicos negócios. Desta verdade resulta que, quando o povo cede uma parte de sua soberania, não constitui um senhor, mas um servidor, isto é, um funcionário. As reformas a que aspiramos são complexas e abrangem todo o nosso mecanismo social.[2]

O programa de mudanças objetivava o ensino livre, a liberdade de associação e cultos, o sufrágio direto e generalizado, a separação entre polícia e justiça, a eletividade do Senado, do presidente da República e das províncias, entre outras providências. Com isso, a adesão ao republicanismo se espraiou pelo Império, embalada pela adoção do regime federalista, embora mais forte no Centro-Sul do país.

Estava em curso o processo de transição das elites brasileiras. Da antiga "sacarocracia" nordestina, passando pela elite carioca europeísta, ascenderam os cafeicultores paulistas. Coincidentemente, o ano 1870, que marcou o lançamento do *Manifesto Republicano*, com ênfase nos cafeicultores paulistas, foi o mesmo em que os EUA permitiram a importação crescente do café brasileiro sem tarifas

---

[2] Manifesto Republicano de 1870, 1878, pp. 59-88.

alfandegárias, o que concedeu superávit na balança comercial entre os dois países.

No Brasil, antes ainda da ideia democrática, encarregou-se a natureza de estabelecer o princípio federativo. A topografia do nosso território, as zonas diversas em que ele se divide, os climas vários e as produções diferentes, as cordilheiras e as águas estavam indicando a necessidade de modelar a administração e o governo local acompanhando e respeitando as próprias divisões criadas pela natureza física e impostas pela imensa superfície do nosso território. A divisão política e administrativa permaneceu, portanto, a mesma na essência, apesar da transferência da sede monárquica para as plagas brasileiras. A Independência proclamada oficialmente em 1822 achou e respeitou a forma da divisão colonial. A autonomia das províncias é, pois, para nós mais do que um interesse imposto pela solidariedade dos direitos e das relações provinciais, é um princípio cardeal e solene que inscrevemos na nossa bandeira. O regime da federação baseado, portanto, na independência recíproca das províncias, elevando-se à categoria de estados próprios, unicamente ligados pelo vínculo da mesma nacionalidade e da solidariedade dos grandes interesses da representação e da defesa exterior, é aquele que adotamos no nosso programa, como sendo o único capaz de manter a comunhão da família brasileira. Se carecêssemos de uma fórmula para assinalar perante a consciência nacional os efeitos de um e outro regime, nós a resumiríamos assim: Centralização – Desmembramento. Descentralização – Unidade.[3]

O movimento republicano não foi homogêneo. Detinha, pelo menos, três grandes forças políticas. De um lado, os jacobinos da República, propulsores temáticos de igualdade, fraternidade e liberdade, associadas aos ideais da Revolução Francesa. De outro, as forças políticas relacionadas ao positivismo de Comte, voltadas ao

---

[3] *Idem, ibidem.*

Estado racional e centralizador, capaz de incorporar o proletariado à sociedade moderna. Por fim, os representantes liberais das ideias do darwinismo social, de Herbert Spencer (sobrevivência do mais apto), e do racismo de Arthur de Gobineau e de Cesare Lombroso, fortemente influenciados pela descentralização estadunidense.

Não obstante o conjunto de mudanças consagradas com a implantação da República, traços estruturadores do passado foram preservados. Destacam-se, por exemplo, o fim do Poder Moderador, do Senado vitalício e do Conselho de Estado e a descentralização político-administrativa, bem como a defesa das liberdades do ensino e de associação, além da defesa da propriedade privada e do lucro.

As reformas inicialmente impulsionadas pelo movimento abolicionista, como a reforma agrária e a educação pública universal, terminaram ficando para trás. Da mesma maneira, as garantias dos direitos civis, do voto secreto e universal e do término da Guarda Nacional se mantiveram intocáveis.

Em pleno risco de insurgência popular, a preferência pelo enquadramento nacional aos limites da ordem capitalista prevaleceu. De toda a forma, o republicanismo viabilizou a constituição do Estado mínimo liberal em substituição ao absolutista.

A fragilidade estatal permitiu que a descentralização administrativa e política fortalecesse, justamente, o corpo social que até então sustentava o antigo Império. Ou seja, os poderes locais, a ação na base social do coronelismo.

Com isso, a crítica à monarquia em relação à soberania nacional se revelou inócua, com a descentralização promovida a favorecer a preservação de uma espécie de arquipélago, formado por ilhas constituídas por regiões geográficas desarticuladas social e economicamente. O hibridismo entre o novo e o velho terminou por reafirmar o ingresso no capitalismo sem que houvesse rompimento

34 | O BRASIL À DERIVA NO CAPITALISMO NASCENTE

com o domínio agrarista acompanhado do predomínio do modelo econômico primário-exportador.

Além disso, o desenrolar da República seguiu sem ampliação da participação popular, com eleições de praticamente um partido só, o Republicano, fragmentado em regiões, com minoritária participação. Nas palavras de Manuel Bomfim:

> Sob o regime da chamada a mais liberal das constituições, antes ou depois de emendada (e tão insincera que ninguém lhe sentiu tais emendas), sob o titular regime de liberdade e democracia, vivemos sob o arbítrio, no espetáculo das torpezas impunes. Em verdade, o que a República nos dá são os milhares de códigos, leis, decretos, avisos, regulamentos... para manter e proteger a injustiça, o privilégio, a fiscalidade extorsiva, a opressão... razão de ser dos governantes mais ineptos e corruptos que têm explorado um povo bom.[4]

Diante das transformações capitalistas no campo e do seu crescimento nas cidades, o enriquecimento e a participação política dos proprietários agroexportadores se revelaram dominantes. Os ganhos com a renda derivados do modelo primário-exportador permitiram espraiar na forma de investimentos internos em outros setores, como o comércio, as finanças e a indústria, o que ampliou os estratos sociais e impôs atualização da política oligárquica ao longo da República Velha (1989-1930), conforme tratado a seguir.

1.2.2 Fundamentos políticos da transição capitalista

A passagem da Monarquia para a República foi acompanhada por alterações institucionais importantes. Até então, a forma vigente de governo monárquico constitucional e parlamentar era exercida pelo imperador enquanto chefe de Estado sem limites de poder ou tempo.

---

[4] Bomfim, 2014.

Além disso, havia quatro poderes: Judiciário, Legislativo, Moderador e Executivo. O Poder Judiciário, que era formado pelos mais diversos órgãos de justiça, não era plenamente independente, pois subordinado ao centralismo e ao poder do imperador. As garantias constitucionais de inamovibilidade, vitaliciedade e irredutibilidade de vencimentos nem sempre eram respeitadas.

O imperador era responsável pela nomeação da magistratura togada. Em geral, ela era formada por habilitados que compunham parte da nobreza da época, ocupando cargos no Supremo Tribunal de Justiça e nos Tribunais de Relação, com juízes de Comarca e de Municípios assessorados pelos júris, bem como por juízes de paz.

Com a República instalada, o Poder Judiciário ascendeu e se tornou independente, com os magistrados dispondo de garantias constitucionais de irredutibilidade de vencimentos e vitaliciedade, a menos que houvesse sentença condenatória. A partir da Constituição de 1891, por exemplo, o Poder Legislativo perdeu a capacidade de suspender juízes.

Da mesma forma, novos órgãos foram instituídos na justiça (Federal, Estadual e Supremo Tribunal Federal), para atender à complexidade do federalismo republicano, com competência, inclusive, de julgar o chefe do Executivo. Apesar disso, os interesses do chefe do Executivo, na prática, eram protegidos pela força política das oligarquias, que direcionavam o sentido da nação.

O Poder Legislativo era nacionalmente bicameral, composto por deputados e Senado, além das assembleias locais. Ao contrário do Senado, que era vitalício, os deputados e vereadores eram eleitos por um colégio de eleitores que não chegava a equivaler a 5% do total da população.

A denominada "democracia censitária" deixava de fora escravos, mulheres, pobres e analfabetos, brancos e miscigenados. Prevalecia, assim, um parlamento de homens brancos, proprietários de terras e de escravos, que formavam a elite agrarista e exportadora.

Na República, o Senado vitalício desapareceu, com a necessidade de todo o parlamento ser eleito, embora a composição do colégio eleitoral tenha permanecido a mesma até a Revolução de 1930. A novidade passou a ser a institucionalização das eleições para presidente da República e para os presidentes de estados da federação.

O sistema pluripartidário existente durante a Monarquia, constituído durante o Segundo Reinado (1840-1889), formado principalmente pelos partidos Conservador (saquaremas) e Liberal (luzias), deu lugar à unicidade nacional em torno do Partido Republicano. Isso significou, na prática, a multiplicação de partidos republicanos de referência estadual, como, por exemplo, o Partido Republicano Paulista (PRP) e o Partido Republicano Mineiro (PRM).

A novidade à hegemonia dos partidos republicanos ocorreu somente em 1922, com o surgimento do Partido Comunista do Brasil. Essa era uma indicação de que a sociedade se tornava mais complexa, questionando a dominância da oligarquia agrarista primário-exportadora.

Por fim, a dissolução do Poder Moderador levou consigo o Conselho de Estado e o Gabinete do Império à frente do Poder Executivo. O Conselho de Estado era definido pelo monarca e composto por até dez membros vitalícios, cujas atribuições eram de aconselhamento do imperador em todos os negócios e ações da administração pública.

O Gabinete de Ministros era constituído por sete secretarias de Estado (Negócios do Império, Estrangeiros, Fazenda, Justiça, Guerra, Marinha e Agricultura, Comércio e Obras Públicas). Durante os 49 anos de existência do Segundo Reinado (1840-1889), o Gabinete do Império foi dissolvido e reorganizado 30 vezes (com menos de um ano e quatro meses de duração, em média), o que constituía fonte de grande instabilidade política.

Nesse contexto político, o processo de transição da Monarquia para a República ocorreu por meio de um golpe militar, sem guerra civil e base popular organizada. Ademais do esvaziamento do apoio da elite agrária, em grande medida insatisfeita com a abolição da escravatura, o movimento republicano se fortaleceu, especialmente em cidades do Sudeste, convergindo para a sustentação de mudanças no país.

O imperador se manteve relativamente ausente do debate, porque, envelhecido e doente, entregou-se sem reação, sendo exilado na Europa, onde morreu. As resistências monarquistas foram escassas e contidas, diante de um sistema com enormes dificuldades de conciliar velhas e novas demandas sociopolíticas de camadas médias urbanas, de militares e de fazendeiros do Oeste paulista.

Em face de significativa mudança de regime político a sustentar a ordem capitalista, a República conviveu com intensas dissensões e divergências na conciliação de distintos interesses e forças políticas a definir o rumo a seguir. Simultaneamente, proliferaram revoltas questionadoras da sociedade que o avanço do capitalismo protagonizava, como a Guerra de Canudos, a Revolta da Armada, a Guerra do Contestado, a Revolta da Vacina, a Revolta da Chibata, a Revolução Federalista, a Rebelião dos 18 do Forte de Copacabana, a Revolta de 1924, entre outras.

A estruturação da nova ordem capitalista a partir da Primeira República passou pela integração da esfera política com a econômica, em plena sociedade em composição. Para tanto, a hegemonia republicana, constituída pela elite dos cafeicultores paulistas, combinou a supremacia do modelo primário-exportador com a dominância política de nacionalistas e jacobinos na prevalência da ortodoxia econômica liberal.

Isso aconteceu fundamentalmente nos anos iniciais da República, quando a instabilidade política e a crise econômica abalaram tanto os militares como os industrialistas e protecionistas, colocando em risco os rumos do próprio capitalismo nascente. De um lado, o fracasso da política econômica conduzida por Rui Barbosa acelerou a inflação e a especulação com a crise do Encilhamento (1889-1991) no governo do Marechal Deodoro da Fonseca. De outro lado, o desgaste dos militares com a violência imposta durante a Guerra dos Canudos (1896--1897), no sertão da Bahia, revelou um dos principais movimentos de contestação à marginalização social produzida pelo avanço excludente do capitalismo. Para além da manifestação do fanatismo religioso que se expressou no final do século XIX, houve a concretização do banditismo social nas primeiras décadas do século XX.

Sobre isso, Manoel Bomfim destacou a realidade sociopolítica do Brasil que emergia do capitalismo nascente:

> Em verdade, a massa da nação brasileira é uma, e a gestão política é outra, nunca em relação de existência com a alma nacional. Nem o concreto da vida popular existe para os dirigentes, que ignoram o próprio povo, como tudo o mais, indispensável para fazer o conveniente governo do país. E por que sejam em tudo domínio torpe, eles ainda malsinam e infamam essa pobre população de quem são feitores, prontos a fuzilá-la, quando ela se mostra na única atividade social que lhe é deixada: a do cangaceirismo. Koster, que tão bem conheceu aqueles humildes valentes, periodicamente levantados em jagunços e fanáticos, logo o notou: "São as más instituições feitas às gentes, as más paixões, desencadeadas em correrias". De fato: o cangaceirismo é a reação, mórbida, se quiserem, mas inevitável, numa população forte e a quem a ordem normal nenhuma possibilidade oferece de boa atividade social e política. Nas suas insulsas e insinceras parolagens, eles, dirigentes, insistentemente falam do povo, mas tudo não passa de expressão vazia, ou ensejo de menosprezo, pois que, de fato, eles só pensam em povilhéu-escória, apenas ubre que os nutra. Não lhe perdoariam qualquer pretensão a ter voz efetiva na gerência do Estado, e, menos ainda, o desejo de reivindicar direitos, em vista da justiça. Nem compreenderão como um simples filósofo da história pode definir: "Sob

O BRASIL NO CAPITALISMO DO SÉCULO XXI | 39

o nome amesquinhado de povo, expande-se, livre de qualquer tara, a coleção que um dia formará a humanidade superior".[5]

A prevalência da opressão dos grandes proprietários rurais se manteria fiel ao poder privado e à ocupação do Estado produzida pelo coronelismo. Diante disso, a união do banditismo social com o fanatismo religioso conformaria o sistema jagunço durante a República Velha, nutrido pelo açoite contínuo aos pobres sobrantes da época.

Foi nesse contexto que o governo de Campos Sales (1898-1902) constituiu a segunda fase da República Velha, reforçando o pacto oligárquico através da política dos governadores, em parte associada à força do coronelismo. Assim, os atores políticos se mantinham conectados aos seus estados enquanto unidades políticas dirigidas por máquinas partidárias estaduais, tendo em vista a inviabilidade da existência de partidos nacionais, considerando que o Partido Republicano Federal se caracterizou por sua curta existência (1893-1897).

Através da criação da Comissão Verificadora de Poderes na Câmara dos Deputados, em 1899, somente eram empossados os parlamentares eleitos que fossem indicados pelos governadores, o que conteve as oposições e a participação política pelo voto aberto e a sua validação pelo Poder Legislativo, não pelo Judiciário. Com isso, o problema da profunda e intensa instabilidade política intrínseca à formação da República desde o fim do Poder Moderador existente durante a Monarquia foi relativamente contido.

No sistema federativo da República, o presidencialismo seria exercido a partir de maioria política necessária para o atendimento das questões nacionais de maior relevância, garantindo o controle político oligárquico regional. De certa forma, a regionalização da política seria expressão da própria estrutura econômica da época,

---

[5] *Idem, ibidem.*

composta pelo ajuntamento de unidades primário-exportadoras com maiores relações com o exterior que com o mercado interno.

Ao mesmo tempo, a regionalização serviu de modalidade resolutiva ao problema nacional imposto à República na construção de maioria política a viabilizar o funcionamento do presidencialismo. Assim, o federalismo prevaleceu distante da realidade da regionalização da representação congressual que inibiu a existência de partidos nacionais, permitindo, ao mesmo tempo, a redução dos conflitos entre os poderes Legislativo e Executivo.

Se, durante a centralização do Império, a ligação econômica interna pertencia ao tráfico interprovincial, na República, a descentralização político-administrativa se fazia com vínculos jurídicos e institucionais federativos, validados tanto pela estrutura econômica fragmentada como pelas articulações com o exterior. Para isso, a doutrina econômica liberal conduzida pela política dos governadores se mostrou funcional num país composto por pequenas economias justapostas e pouco integradas.

Sem conflitos entre o agrarismo/latifúndio e a nascente burguesia industrial, bem como entre exportadores e frágil consumo interno, a oposição à estrutura econômica vigente era frágil. Em função disso, a burguesia agrário-exportadora passou a exercer a liderança necessária ao sustentar o poder e a direção da República.

Dessa forma, a elite republicana rompeu com a ordem imperial, fazendo avançar o projeto burguês de implantação do capitalismo no Brasil. Pela política dos governadores, a maioria parlamentar no Legislativo permitiu aos presidentes da República se voltarem ao saneamento da moeda, à austeridade orçamentária rígida e à gestão do endividamento externo.

A estabilização financeira alcançada em 1898, por exemplo, permitiu, através da política econômica ortodoxa, atender às necessidades vitais do complexo cafeeiro, que já anunciava sinais antecipados de sua decadência. Em sendo o centro dinâmico a promover o desenvolvimento capitalista no país, mantinha os laços com o imperialismo fortalecido, inclusive na recentralização mundial da Inglaterra para os EUA.

Para tanto, havia a dependência de constante gestão de políticas financeira e cambial a satisfazer os interesses dominantes internos dos cafeicultores e, por decorrência, os compromissos externos. De certa forma, a condução da política fiscal e monetária não deixou de refletir os interesses financeiros impostos pelo banco dos Rothschild enquanto expressão do domínio interno pelo imperialismo.

Na transição política para o capitalismo, a dissolução do modelo de Estado absolutista exigiu a sua redefinição. A instalação do Estado se deu associada ao capitalismo nascente, submetida à condição periférica no mundo.

Assim, o Estado mínimo liberal se impôs, tendo por viabilidade política a condução rígida do programa econômico e financeiro que atendesse aos problemas inflacionários, de controle do gasto público e do financiamento da dívida externa. Pela internalização da perspectiva ideológica de Spencer e do darwinismo social, em consequência, a definição de "liberdade" foi a do homem privado, que desconsidera a sociedade, salvo a coletividade resultante da soma de indivíduos, famílias e empresas.

Nesse sentido, ocorreu a solução liberal ortodoxa, em favor do poder econômico e social que acumulou vantagens anteriores no ingresso ao sistema de livre competição. Após o acordo com banqueiros ingleses, em 1898, os interesses agrários apontaram o sentido do capitalismo nascente no Brasil, que assumiu como agenda de Estado a especialização econômica de produtor e exportador de mercadorias agrárias (borracha, café, cacau, erva-mate, algodão, minério e outras).

Com a adoção do ortodoxo programa recessivo, a inflação e a desvalorização monetária foram enfrentadas, assim como ocorreu a ação governamental em relação à superprodução interna de café, com implicações. Para isso, os impostos foram elevados, enquanto as despesas governamentais foram drasticamente reduzidas, com suspensão de obras públicas e de investimentos e redução dos salários dos trabalhadores.

Além disso, o imperialismo inglês exigiu, em troca da moratória da dívida, da suspensão temporária dos serviços do endividamento e do seu refinanciamento, o direito a absorver diretamente as receitas públicas. Resumidamente, aconteceu a captura da renda pertencente à Estrada de Ferro Central do Brasil, ao serviço de abastecimento de água do Rio de Janeiro e às alfândegas do país.

Oito anos depois, os presidentes de província de São Paulo (Jorge Tiberi), do Rio de Janeiro (Nilo Peçanha) e de Minas Gerais (Francisco Alves) assinaram o Acordo de Taubaté, que, em 1906, estabeleceu as bases da política de sustentação do preço do café. Em vez de o Estado mínimo liberal ser tratado como problema, passou a ser incorporado como parte da solução, uma vez que se tornou comprador e estocador dos excedentes de café.

O sucesso apresentado serviu de justificativa para outras intervenções governamentais na tentativa de gestão da crise do complexo cafeeiro, o principal setor econômico durante a expansão do capitalismo nascente.

O atendimento dos interesses dos cafeicultores foi alcançado com a disponibilização do crédito público, o que tornou a governabilidade econômica cada vez mais associada às instituições financeiras externas às pressões por reformas financeiras e orçamentárias. Ao longo da República Velha, as sucessões presidenciais foram seguidas por forte instabilidade política, geralmente expostas ao risco de rupturas e receios mútuos, contidos pela atuação das províncias de São Paulo e Minas Gerais. Mas isso não significou que São Paulo e Minas Gerais fizessem o que sempre desejavam. O que se registrou foi um conjunto de concessões com as demais oligarquias regionais, dentro da perspectiva concebida no interior da política dos governadores.

1.2.3 Transição capitalista e Divisão Internacional do Trabalho

Nas últimas décadas do século XIX, o imperialismo despontou como forma competitiva mais acirrada de expansão mundial. Coincidindo com as novas ambições capitalistas e os interesses de governo dos países em disputa pelo protagonismo da Segunda Revolução Industrial, o Brasil se inseriu no capitalismo mundial na condição periférica.

Ainda que percebida desde a Independência nacional como possibilidade, conforme identificado a partir do reformismo de José Bonifácio em torno dos limites do desenvolvimento definidos pela agricultura, a industrialização somente começou após a Revolução de 1930. Até então, o Brasil conviveu com alguns pequenos e contidos surtos manufatureiros pré-industrialização, conforme registrado ainda na Monarquia e em plena escravidão.

De um lado, houve esforços no interior das Forças Armadas, que, desde a sua formação, emitiram preocupação com a internalização de métodos industriais, especialmente na produção de artigos bélicos nos arsenais de guerra, como no Rio de Janeiro. De outro lado, ocorreu o surto industrial com Irineu Evangelista de Sousa (1813-1889), o Barão de Mauá, cuja expansão ultrapassou os limites fronteiriços do Brasil.

Concomitantemente com o fim da Monarquia, o período inicial da República esteve sob o comando de dois militares na presidência do país (Deodoro da Fonseca, 1889-1891, e Floriano Peixoto, 1891-

-1894). Na denominada República da Espada, o registro da ideologia industrializante do florianismo se destacou na inédita preocupação governamental – até então desconhecida – de apoiar o auxílio ao setor manufatureiro.

Essa experiência governamental, contudo, teve fôlego curto. Com o deslocamento do poder político aos interesses econômicos das oligarquias agraristas, o modelo primário-exportador prevaleceu, com amplo apoio do capital externo.

A dominância da descentralização administrativa enfraqueceu o governo federal, imobilizado pelos interesses agraristas, sob o controle da política dos governadores entre 1894 e 1930. Mesmo que minoritário, o pensamento industrialista se manteve esparso no interior da República Velha, conforme manifestações de importantes personalidades governamentais, como Amaro Cavalcanti (ministro da Fazenda e da Justiça, entre 1918-1919, do presidente Delfim Moreira).

Foi somente com a Revolução de 1930 que a industrialização ganhou expressão, alterando a composição de classes e frações de classes sociais no Brasil. Para isso, a força política do positivismo tenentista na defesa do setor manufatureiro se associou à ideologia florianista da centralização governamental para vencer a ordem agrarista liderada pelos liberais da época, portadores da versão atualizada da vocação agrícola.

Nesse momento, a crítica interna à política externa das grandes potências industrializadas em defesa de suas grandes empresas de comércio, indústrias e bancos começava a ganhar importância. A difusão de ideias antiliberais congregou desde o campo ideológico radical-revolucionário (Manoel Bomfim, José Francisco Rocha Pombo) até o conservador-autoritário (Alberto Torres, Oliveira Vianna).

Em plena consolidação interna do modo de produção capitalista, o Brasil se posicionava na DIT como economia primário-exportadora e importadora de bens e serviços industriais. Diante da dominância política e do ideário liberal conservador, racista e elitista, o protagonismo da crítica antiliberal ao progresso era defendido como mera cópia do projeto Ocidental.

As contribuições teóricas críticas ao capitalismo a partir do final do século XIX identificaram precocemente a forma imperialista monopolista em que o capitalismo se afirmava. A singularidade dos argumentos apresentados foi logo sendo anotada como ameaça ao *establishment* da época, sendo, portanto, ocultada, quando não censurada.

Isso porque, ao partirem da herança dos três séculos de exploração colonial, essas contribuições teóricas identificavam, mesmo após a Independência Nacional, que a evasão das riquezas pela ilusão do comércio livre e os efeitos negativos da presença do capital estrangeiro na economia nacional se mantiveram relativamente intactos. Especialmente as produções de autores como Manoel Bomfim (2008), Oliveira Lima (1907) e Eduardo Prado (2003) constituíram reflexões aproximadas das primeiras teorias do imperialismo surgidas nos países do centro do capitalismo mundial.

Na virada para o século XX, sentia-se o desconforto com os vícios da República recém-implantada, sobretudo em suas relações de dependência (econômica, financeira e tecnológica) com o exterior, especialmente com os ingleses e estadunidenses. A reação à contaminação liberal norte-americana na Constituição de 1891 e a política voltada ao comércio exterior se assentavam no parasitismo social decorrente da exploração econômica operada em escala mundial, responsável pela condição frágil, dependente e subordinada do Brasil em face das grandes potências industrializadas.

Ao mesmo tempo, a defesa política da tese da vocação agrária do Brasil explicitou o domínio da sua posição na DIT enquanto exportador de produtos primários e importador de bens manufaturados, de maior valor unitário e elevado conteúdo tecnológico. Essa perspectiva era de interesse de grandes potências industriais, pois permitia a manutenção de um mercado consumidor para parte de sua produção.

1.2.4 Brasil e suas regiões sob o domínio do modelo primário-exportador

A fase nascente do capitalismo no Brasil foi marcada pelo apogeu do modelo econômico primário-exportador, com a maior presença do comércio externo no total da produção econômica já registrada no país. Em plena ênfase do *laissez-faire* do liberalismo econômico, a soma das exportações e importações em relação ao PIB atingiu a média de 18% entre os anos 1889 e 1930, sendo o auge em 1895, com 36%.

Em plena primeira onda da globalização capitalista liderada pela Inglaterra, a participação das exportações no PIB brasileiro era decrescente desde a segunda metade do século XIX. Mesmo assim, o país transitou para o capitalismo em uma posição muito distinta daquela verificada, por exemplo, nos EUA e na China, cujas parcelas das exportações no PIB eram muito inferiores à do Brasil.

Durante o período da República Velha, somente a Argentina exportou mais que o Brasil em toda a América Latina. Para determinados produtos, a economia brasileira concentrou parcela significativa da produção mundial, como, por exemplo, de café (80%) e borracha (50%). No caso da erva-mate, o Brasil se destacou por ser o maior produtor do mundo, o segundo exportador de cacau e, ainda, um importante participante do comércio externo de algodão e açúcar.

O elevado grau de abertura econômica ao exterior resultou do fato de o país ser simultaneamente exportador de um restrito conjunto de *commodities* e importador de diversos insumos industriais e bens manufaturados. Em 41 anos de República Velha, a balança comercial foi majoritariamente superavitária, acumulando apenas três anos de déficit (1913, 1920 e 1921).

Em valores absolutos, o total das exportações foi multiplicado por 2,3 vezes entre 1889 e 1930. Mas, até a Primeira Guerra Mundial, quando se esgotou a primeira onda de globalização conduzida pela Inglaterra, as vendas externas cresciam mais intensamente, tendo sido 4,1 vezes maiores no ano 1919 que em 1889.

Ao prosseguir na trajetória advinda do mercantilismo de especialização produtiva, as exportações, durante a consolidação capitalista, ficaram restritas a poucos produtos, sobretudo o café, que se aproximou de cerca de 4/5 da composição das vendas externas. A produção e a exportação de borracha, algodão e açúcar contemplavam grande parte da pauta das vendas externas.

O Brasil não tinha uma ampla parceria comercial. No caso das exportações, os principais destinos eram EUA, Alemanha, Inglaterra, França e Argentina.

Em relação às importações, o principal país era a Inglaterra até a Primeira Guerra Mundial, quando os EUA assumiram a liderança, seguidos da Alemanha e da Argentina. Diferentemente da relação com a Inglaterra, demarcada por déficit na balança comercial, o Brasil registrou superávit no comércio externo com os EUA.

Percebe-se, nesse sentido, o quanto o avanço do capitalismo no Brasil transcorreu transitando da estrutura hegemônica inglesa para a estadunidense. Esse recentramento hegemônico do Brasil em relação aos EUA aconteceu acompanhado pela consolidação da dominância interna da burguesia agrarista cafeicultora paulista.

Ao mesmo tempo, a ascensão do Brasil como principal parceiro dos EUA terminou por desbancar o protagonismo da Argentina, associada, até então, à Inglaterra. Some-se a isso o gradual e posterior deslocamento da matriz de mobilidade nacional, que passou do modelo ferroviário inglês movido a carvão, iniciado ainda através da Missão Montagu, em 1823-1824, para o rodoviário dos EUA, dependente dos derivados de petróleo e difundido com a presença do capital externo.

48 | O BRASIL À DERIVA NO CAPITALISMO NASCENTE

Desde a Doutrina Monroe, instituída em 1823, os EUA buscavam consolidar o seu poder na América Latina diante dos impérios europeus. No caso brasileiro, a liberalização das exportações de café para os EUA desde 1870 conectou os interesses internos da elite cafeicultora e permitiu complementariedade entre os dois países.

Com o capitalismo em expansão a partir da República liderada pela burguesia agrário-exportadora, a identificação com a ascensão hegemônica dos EUA se traduziu em alinhamento político, o que terminou por apartar o Brasil da América do Sul. Com a influência dos EUA incrustada na Constituição de 1891, a República Velha aprofundou os fundamentos político-militares e ideológicos concernentes à recentralização estadunidense no interior do sistema capitalista mundial.

Do ponto de vista interno, a realidade do modelo primário--exportador manteve, sob o capitalismo nascente, as especificidades regionais relativas à contribuição de seus produtos na pauta de exportação. Com isso, as produções regionais e suas especificidades nas diferentes regiões do país mantiveram forte conexão com o exterior, ainda que o comércio entre regiões registrasse crescimento, acompanhando a dinâmica da navegação de cabotagem e por via terrestre.

A participação dos estados tanto na exportação como na importação de gêneros nacionais era fortemente concentrada no Rio Grande do Sul, no Rio de Janeiro, na Bahia, em Pernambuco e em São Paulo. As transformações do comércio entre estados revelaram a importância das regiões relacionadas aos produtos embarcados e desembarcados em seus portos.

A variedade de produtos comercializados internamente foi crescente, ultrapassando, inclusive, a das mercadorias remetidas ao exterior. Em sua maioria, a pauta de comercialização interna era constituída por gêneros voltados ao abastecimento de carnes, feijão, milho, arroz, farinha, açúcar, fumo e couros.

O registro sobre a importância do mercado interno não esvaziou a centralidade da acumulação capitalista assentada na produção interna para a exportação. Assim, a determinação do que e de quanto produzir seguiu o sentido definido a partir do exterior.

Enquanto o Nordeste se destacou na produção para exportação de açúcar, algodão, tabaco e cacau, o Sul do Brasil reforçou a produção para o mercado interno (arroz, trigo e milho) e o externo (carnes e animais de carga). O Norte e o Centro-Oeste voltaram-se a produtos como resinas, óleo, ervas, castanha e borracha, associados a atividades de mineração e pecuária, ao passo que o Sudeste ressaltou a exportação de café, embora a pecuária, a agricultura e a mineração tivessem internamente importância relativa.

Dessa forma, o comportamento da renda regional e do mercado doméstico seguia condicionado pela relação do Brasil com o exterior, definida pelas exportações e importações. Ao mesmo tempo, impactou o movimento demográfico, com o deslocamento da importância relativa das regiões do país.

Em 1920, por exemplo, 37% da população brasileira residia no Nordeste e 45% no Sudeste, sendo que, em 1872, o Nordeste detinha 47% e o Sudeste, 40% do total dos habitantes do país. A inversão na distribuição regional da população se aprofundou com o avanço capitalista, refletindo a concentração econômica no Sudeste.

Só o estado de São Paulo respondeu por 32,2% do valor da indústria de transformação no ano 1919, enquanto em 1907 detinha 15,9% do produto industrial. Concomitantemente com o fortalecimento do complexo cafeeiro paulista, houve a concentração do que havia de produção manufatureira no Sudeste, que respondia por 66% de toda a produção do país no ano 2019.

Tendo o Sudeste como centro dinâmico do capitalismo no Brasil, a regionalização do país sofreu novo impulso. Pela identificação de áreas-polo e municípios a elas vinculados, a regionalização foi sendo consolidada pela gradual relação entre a centralidade e a periferização no território brasileiro.

A partir da posição de produtor e exportador de mercadorias primárias na DIT, a divisão regional do trabalho estabelecida pela implantação capitalista, o regionalismo expressou no território a relação da sociedade com o espaço. De certa forma, as disparidades socioeconômicas herdadas do passado pré-capitalista ganharam maior impulso diante da dinâmica interna de cada região e de sua relação externa, bem como diante da formação do mercado nacional.

A existência de um conjunto de economias regionais espacialmente fragmentadas, equivalentes à figura de um arquipélago formado por ilhas econômicas, refletiu o quanto cada polo geográfico respondia com sua produção no total das exportações nacionais. Mesmo com o comércio entre Unidades Federativas (UF), as regiões permaneciam relativamente isoladas, autônomas e com um contido grau de articulação entre si, dependendo de alguma atividade econômica voltada ao mercado externo.

Nesse sentido, a produção regional, por ser definida em função da DIT, estava exposta a descontinuidades em face da dependência à oscilação no nível de preços e na demanda externa. A diferenciação do processo de formação do território brasileiro refletia as distintas formas de organização social e da produção econômica ao longo do tempo.

Assim como em outros tempos históricos determinados, a regionalização sob o capitalismo se fundamentou na interação espacial própria da estrutura produtiva interna e de suas relações com o exterior. Mesmo que o território nacional tenha incorporado e homogeneizado a lógica própria de reprodução da concorrência capitalista, a desigualdade regional foi submetida ao processo de concentração e centralização do capital.

Sob o contexto pré-capitalista, a unidade nacional não era imposta pela capacidade de alguma região ascender sobre as demais. Mas, sob o capitalismo, a constituição de um centro regional dinâmico nacional se mostrou capaz de submeter as demais regiões, como no caso do Sudeste, especialmente no estado de São Paulo.

A hierarquização geográfica imposta com a dinâmica capitalista encerrou o passado de diferenciação regional no Brasil. As desigualdades regionais que se estabelecem a partir do final do século XIX decorrem do processo de integração econômica e política das regiões, posto em marcha na República Velha.

A conscientização a respeito da gravidade das desigualdades regionais enquanto reprodutoras da divisão geográfica do trabalho somente se fez presente tardiamente, nos governos da segunda metade do século XX, com o fortalecimento da industrialização nacional. Como manifestação do subdesenvolvimento, os traços gerais do atraso estrutural se faziam fortes e diferenciados nas regiões periféricas do país, sobretudo por tentarem perseguir o centro regional dinâmico nacional.

Diante da prevalência do Estado mínimo liberal, o capitalismo nascente se reproduziu sem a presença de políticas públicas voltadas à questão territorial nacional. A situação do Nordeste, por exemplo, era compreendida pelas elites governamentais como consequência das secas, o que resultou em transferência de fundos públicos aos setores exportadores, uma espécie de assistencialismo às oligarquias agrárias.

Por isso, as ações governamentais, mesmo que escassas, notabilizaram-se por estarem vinculadas aos interesses locais de latifundiários, conforme se observa com a criação, pelo Ministério da Viação e Obras Públicas, da Inspetoria de Obras Contra as Secas (IOCS), em 1909. A chamada solução hidráulica para a desigualdade da região Nordeste passava quase que exclusivamente pela construção de açudes e pela perfuração de poços, estradas e ferrovias.

2
O BRASIL NA CONSERVADORA MODERNIZAÇÃO CAPITALISTA

*Um governo central forte; a intervenção estatal na
economia com o objetivo de modernizá-la; a convivência
da representação política de base territorial com a
representação corporativa, eleita por associações
profissionais reconhecidas pelo governo; a instituição de
conselhos técnicos de auxílio ao governo; a eliminação
do latifúndio mediante tributação ou simples confisco; a
nacionalização de várias atividades econômicas, como
os transportes, a exploração dos recursos hídricos e
minerais, a administração dos portos etc.; a instituição
da previdência social e da legislação trabalhista.*

Clube 3 de Outubro

O processo histórico brasileiro entrou numa nova fase a partir da
Revolução de 1930, com a transição do antigo e primitivo agrarismo
para a moderna sociedade urbana e industrial na periferia do
capitalismo mundial. As insuficiências do Estado mínimo liberal para
superar a crise do café instalada com a Grande Depressão capitalista
de 1929 conduziram as oligarquias cafeicultoras da época ao gradual
declínio econômico e político.

A construção do Estado moderno, em especial a partir do Estado
Novo (1937-1945), permitiu a ascensão do segmento econômico de
manufaturas, concomitantemente com a expansão das camadas
urbanas, sobretudo do operariado industrial e da classe média
assalariada. A perspectiva da superação do atraso intrínseco ao

longevo agrarismo herdado do passado colonial foi posta em marcha com o aprofundamento da ordem social competitiva, através da industrialização nacional a fortalecer o caminho da modernidade capitalista ocidental.

Esse processo, contudo, terminou sofrendo forte resistência política por parte da oligarquia agrária, que, diante dos constrangimentos da burguesia industrial para se aliar às massas populares, obstaculizou a realização das reformas clássicas do capitalismo contemporâneo (fundiária, tributária e social). Em função disso, a expressiva mobilidade social ascendente que decorreu do deslocamento das massas agrárias sobrantes do capitalismo nascente para a proletarização urbana do capitalismo industrial nas décadas de 1930 a 1980 foi o principal charme da modernidade periférica voltada à internalização do padrão de consumo estadunidense.

Para tanto, a passagem do antigo sistema de impérios liderado pela Inglaterra até o final da primeira onda de globalização se mostrou fundamental para o surgimento do novo sistema interestatal durante o período das duas guerras mundiais (1914-1918 e 1939--1945). Mas foi com a Guerra Fria (1947-1991), imposta por intensas disputas entre EUA e URSS (1917-1991), que o conjunto de países até então marginalizados do cenário mundial (Terceiro Mundo) encontrou contidas possibilidades de enfrentar a imposição do subdesenvolvimento e a dependência externa.

Na periferia do sistema capitalista mundial, o Brasil na América Latina e a Coreia do Sul no Leste Asiático foram as duas principais experiências nacionais entre países de passado colonial que conseguiram levar mais adiante a industrialização tardiamente incorporadora de tecnologia da Segunda Revolução Industrial. No contexto internacional da Segunda Guerra Mundial e da Guerra Fria, o êxito brasileiro e coreano contou com o papel estratégico do Estado na construção da convergência entre interesses públicos e privados internos e externos.

Mas foi o protagonismo do Estado que definiu os traços específicos da industrialização na periferia capitalista, ainda que entrelaçado pela especificidade da estrutura social pregressa dos dois países. Na Coreia do Sul, por exemplo, a existência da autonomia inserida inspirada nas instituições japonesas (*keiretsu*) desde a Restauração Meiji (1868-1889) se expressou através da formação de grandes e poucos conglomerados internos (*chaebol*). Essas megaempresas que atuam em vários setores, contendo significativo poder de alavancagem financeira, encontram--se amparadas em formas variadas de conluio com o Estado.

No caso brasileiro, a presença do autoritarismo fraco, quando comparado à via prussiana do desenvolvimento (Unificação Alemã, em 1871), revelou o quanto o curso do tripé do capital (estatal e privado nacional e estrangeiro) representou a busca possível do progresso social com a conciliação do atraso. Em resumo, ocorreu a passagem para a sociedade urbana e industrial ancorada na via reacionária de promoção da sociabilidade capitalista, cujo resultado foi a modernização acompanhada pelas restrições conservadoras.

Tudo isso, contudo, se tornou viável a partir do esgotamento do padrão ouro inglês e da ideologia do *laissez-faire*, que submetia a estabilidade nacional às normas internacionais. Durante o período das duas grandes guerras mundiais, com as normas internacionais abandonadas, a estabilidade nacional das potências econômicas representava as possibilidades de configurar alguma regra seguida por outros países.

Mas essa autonomia relativa na estabilidade nacional passou a sofrer ação própria da Guerra Fria (1947-1991). A liberdade nacional para perseguir os objetivos econômicos e o bem-estar social requeria atender ao padrão ouro-dólar e ao regime de taxas de câmbio fixas para impedir depreciações competitivas no comércio internacional.

Foram três décadas de relativa expansão econômica, especialmente no centro do capitalismo mundial. Na virada dos anos 1960 para 1970, a hegemonia dos EUA, estruturada desde a Guerra

Fria, foi desestabilizada por três aspectos: o fim da conversibilidade do dólar ao ouro, a derrota na Guerra do Vietnã e a perda do controle do preço do petróleo, com a ascensão islâmica no Oriente Médio. Além disso, a "cruzada anticomunista" adotada pelos EUA na Guerra Fria perdia legitimidade e apoio popular no Terceiro Mundo. Ao mesmo tempo, o processo de industrialização em alguns países periféricos havia permitido alterar as bases da DIT, passando de exportadores de bens primários para de produtos manufaturados.

Não obstante a importância desse movimento assentado na forte expansão econômica conformadora da sociedade urbana e industrial, a desigualdade e a dependência tinham se sofisticado. A articulação do capital estrangeiro com a burguesia interna e os governos locais, especialmente os autoritários, como no Brasil (1964--1985), constrangeu a inclusão social, demarcando intensa exploração da classe trabalhadora e devastação ambiental.

Ao mesmo tempo, a vulnerabilidade externa e os impactos decorrentes da Grande Depressão de 1929, acrescidos do contexto de duas guerras mundiais, levaram ao esgotamento do modelo primário-exportador dependente da economia europeia. Em alternativa, o processo de substituição de importações no Brasil, impulsionado pelos governos das décadas de 1930 a 1970, tornou viável a modernização na periferia ocidental do capitalismo mundial.

Duas especificidades emergiram desse salto na urbanização e na industrialização nacional. A primeira relacionava-se ao papel subordinado que a burguesia brasileira desempenhou diante da transnacionalização do mercado interno.

Da mesma forma, havia a relação do Brasil com o centro dinâmico do capitalismo mundial durante o movimento da desglobalização liderado pelos EUA, de contradições e oposições relativas. Entre as décadas de 1930 e 1940, por exemplo, a posição do primeiro governo

Vargas (1930-1945) foi de gradual convergência com o do presidente Franklin Roosevelt (1933-1945).

Na depressão de 1929, o Brasil se distanciou da relação direta com a Inglaterra, inclusive com o abandono do padrão ouro-libra, abrindo diálogo privilegiado simultaneamente com a Alemanha e os EUA. Com o início da Segunda Guerra Mundial, o Brasil se alinhou aos EUA, recebendo em troca apoio ao desenvolvimento da indústria de base: Companhia Siderúrgica Nacional (1941), Companhia Vale do Rio Doce (1942), Fábrica Nacional de Motores (1942), Companhia Álcalis (1943) e Companhia Hidrelétrica São Francisco (1945).

Durante a Guerra Fria, contudo, os EUA passaram a identificar no protagonismo brasileiro uma espécie de rivalidade emergente. Com a Doutrina Truman, por exemplo, a América Latina perdeu o *status* de parceiro essencial, para assumir o espaço mercantil de operação das grandes empresas estadunidenses.

A diminuição do apoio financeiro e o abandono do compartilhamento tecnológico por parte dos EUA, conforme verificado nas décadas de 1930 e 1940, permitiram ao Brasil optar por uma política externa própria. A alternativa foi a aposta tanto na captura de oportunidades geradas pela concorrência capitalista interestatal como na emergência de novas potências no interior do sistema capitalista mundial.

Pela forma impositiva dos EUA na reconstrução europeia através do Plano Marshall (1948-1951), o acirramento da competição intercapitalista abriu caminho para o avanço dos investimentos externos em outros países, como o Brasil. Na realidade, a abertura da economia brasileira ao capital externo foi condicionada aos objetivos nacionais de manter a política de substituir as importações por produção doméstica, internalizando investimentos privados diretos das empresas multinacionais.

Com as restrições estabelecidas pelos governos dos EUA, a alternativa foi se apoiar em outros países interessados em parcerias com o Brasil. As experiências do Plano de Metas, no governo Juscelino Kubitschek (1956-1961), e do segundo Plano Nacional de Desenvolvimento (1975-1979), no governo Ernesto Geisel, apontaram para o papel ativo da política externa na promoção do salto capitalista modernizante no país.

Isso, entretanto, transcorreu permeado por uma segunda especificidade fundamental: o capitalismo autoritário que resultou da fusão entre o "velho" (oligarquia agrária) e o "novo" (burguesia industrial), que demonstrou ser incapaz de superar o subdesenvolvimento e a dependência externa, optando pela mudança gradual e conservadora na modernização nacional. Ao mesmo tempo, a escassa cultura democrática no país se expressou pelo débil reformismo político, incapaz de viabilizar, sequer, reformas clássicas do capitalismo contemporâneo, como a agrária, a tributária e a social.

Não obstante o ritmo expressivo do crescimento econômico que, em menos de meio século, transformou as bases materiais da sociedade, de agrária em urbana e industrial, o conservadorismo dominou. O Brasil assumiu a segunda posição no mundo de maior concentração fundiária, e os ricos seguem praticamente sem pagar tributos, enquanto o acesso aos serviços públicos é limitado e, muitas vezes, precário.

Ademais da extrema desigualdade na repartição de renda, riqueza e poder, parcela significativa da população prosseguiu marginalizada e exposta à grande violência rural e urbana. O sistema de representação da sociedade civil constituído por associações, sindicatos e partidos se mostrou insuficiente para romper, em definitivo, com certo atraso do passado, sendo a renovação contida, muitas vezes, pela conservação.

Também tem importância o protagonismo regional, especialmente pela elevada concentração econômica, social e política na geografia nacional. A centralidade do estado de São Paulo, demarcada por grupos sociais relevantes no país, terminou impondo dominância política na formação da opinião no interior da elite dirigente e no interior do processo decisório, bem como na disputa pelos recursos orçamentários.

É nesse sentido que as páginas seguintes se propõem a analisar os aspectos principais do movimento geral de modernização brasileira entre as décadas de 1930 e 1970. Parte-se, inicialmente, da contextualização internacional demarcada pela desglobalização, acompanhada pela recentralização dos EUA no sistema capitalista mundial, seguida pela abordagem a respeito da modernização capitalista conservadora no Brasil.

2.1 A CONSOLIDAÇÃO DA HEGEMONIA DOS EUA NA PRIMEIRA FASE DA DESGLOBALIZAÇÃO CAPITALISTA

Como o sistema capitalista de acumulação opera em escala mundial, o seu desenvolvimento demonstrou historicamente ocorrer permeado por fases de globalização e desglobalização. Quando o centro dinâmico mundial esteve liderado pela Inglaterra, pelo menos até a Primeira Guerra Mundial, prevaleceu o movimento geral da globalização capitalista impulsionada pelo liberalismo político e pelo *laissez-faire* econômico, sendo o comércio externo livremente orientado pelas vantagens comparativas.

Diante da Grande Depressão de 1929 e das duas guerras mundiais, o caos político e econômico havia se instalado no mundo. Com o avanço exitoso da Revolução Russa diante do vácuo de liderança acompanhado pela decadência inglesa, a desglobalização permitiu conformar o moderno sistema interestatal de domínios políticos de jurisdições separadas articuladas em torno do sistema das Nações Unidas.

Com os novos mecanismos de poder implementados no sistema interestatal, o processo de descolonização foi seguido pela criação de diversos países, cuja quantidade foi multiplicada por quatro desde a segunda metade da década de 1940. Cada um deles passou a ter a soberania nacional constituída por sistemas nacionais de regulação pública do território, da população, da política, da economia, da sociedade e da cultura.

Na esfera econômica, por exemplo, a superioridade das formas organizativas da produção capitalista apresentada pelos EUA rapidamente se tornou referência de sua indústria cultural a propagar internacionalmente o *American way of life*. A superioridade do capitalismo de corporações estadunidenses, fundada na integração vertical e na administração organizacional tecnoburocrática, tornou rapidamente arcaico o modo de acumulação capitalista liderado até então pela Inglaterra.

O protecionismo se mostrou funcional não apenas para os EUA, mas também para outros países, como a Alemanha e o Japão. Em sua forma crescentemente monopolista, as grandes corporações empresariais se articularam com o Estado regulador, elevando a capacidade de investimentos externos diretos para atender às necessidades de integração doméstica.

A ascensão dos EUA se apresentou inconteste, especialmente após o fim da Segunda Guerra Mundial, com a derrota da Alemanha e do Japão. Com a Organização das Nações Unidas (ONU), a partir de 1945, uma nova Ordem Internacional foi estabelecida.

Do ponto de vista econômico, a criação de agências multilaterais no âmbito do sistema ONU, como o Banco Mundial, o Fundo Monetário Internacional e o Acordo Geral de Comércio, fundamentou o protagonismo dos EUA na liderança do centro capitalista mundial. Para tanto, foi restabelecido o padrão monetário atrelado ao ouro--dólar, aos juros negativos e ao câmbio fixo.

Ao mesmo tempo, o programa dos EUA para a reconstrução da Europa do Leste entre 1948 e 1951 fortaleceu o bloco capitalista diante do bloco de países vinculados à URSS. Com isso, a Guerra Fria se impôs em várias frentes de disputas, inclusive no âmbito da dominância do Terceiro Mundo.

A reorganização do mundo em torno da bipolaridade não impediu a recomposição tanto do comércio externo de bens e serviços como do movimento migratório. Mas isso somente veio a ocorrer a partir da década de 1960, quando o comércio externo de bens e o movimento migratório alcançaram índice semelhante àquele dos anos 1920.

O mesmo, contudo, não se verificou em relação aos fluxos financeiros internacionais, cuja recuperação transcorreu apenas a partir da década de 1980. Na forma de uma segunda onda da globalização, a desregulação capitalista neoliberal liberou desde então os diversos mercados (financeiro, comercial, produtivo e de mão de obra) no mundo.

Nesse sentido, a inserção das nações na globalização se diferenciou, embora as relações político-institucionais nacionais tenham passado a convergir condicionadas pelas relações político-institucionais externas e vice-versa. Ainda que a origem da formação hegemônica estadunidense esteja vinculada à primeira onda de globalização do imperialismo britânico sustentado pelo livre comércio, a sua consolidação transcorreu diante do caos capitalista do período entre as duas guerras mundiais.

Diante do abandono do padrão ouro-libra nos anos 1930 e do avanço do movimento protecionista entre as nações, o comércio externo decaiu, acompanhado de restrições às imigrações. Da mesma forma, a saída da depressão econômica exigiu o distanciamento do receituário liberal, provocando a redefinição do papel do Estado e a regulação da especulação financeira, o que gerou uma sensível redução nos fluxos de capital no mundo.

Com a decadência da liderança do imperialismo inglês de acumulação de capital assentada no livre comércio, o capitalismo monopolista de grandes corporações encontrou horizonte frutífero para expansão e dominação global. Para tanto, coube aos EUA reconfigurarem a periferia capitalista, sobretudo a partir do fim da Segunda Guerra Mundial.

Detendo simultaneamente os poderes militar, tecnológico e monetário incontestes, os EUA superam a sua ex-metrópole, tendo pela frente a oposição ao capitalismo representada pela URSS. Na divisão do mundo pautada pela Guerra Fria, prevaleceu a concepção governamental de que os gastos públicos deveriam ser elevados para a garantia do desenvolvimento econômico com segurança militar.

Nesse sentido, nota-se a importância relativamente crescente que o complexo industrial militar passou a deter no interior do comando da centralidade dos EUA em relação à periferia capitalista. Por cerca de 30 anos, o período histórico que se seguiu após o término da Segunda Guerra Mundial (1939-1945) foi marcado pela Ordem Internacional assentada na bipolaridade de intensa e acirrada competição entre os EUA (Primeiro Mundo) e a URSS (Segundo Mundo). Em plena dominância da corrida armamentista nuclear movida pela Guerra Fria (1947-1991), os dois mundos conviveram com relativa bonança.

Apesar disso, a gestão da bipolaridade mundial se mostrou complexa, exigindo dos países líderes a capacidade de resposta efetiva aos problemas específicos em cada um dos dois blocos de nações. Ademais, a presença de outro bloco de países sobrantes dos dois mundos, em geral de passado colonial (Terceiro Mundo), tornou ainda mais complicada a gestão da Ordem Internacional do pós-Segunda Guerra Mundial.

Em simultâneo à corrida armamentista, houve a possibilidade do desenvolvimento industrial na periferia do capitalismo, estimulado sobretudo pelo ambiente tenso da Guerra Fria em alguns poucos países da Ásia e da América Latina. Ao mesmo tempo, ocorreu a atuação do Banco Mundial, especialmente durante a gestão de Robert McNamara (1968-1981), em relação à doutrina de "assalto à pobreza extrema" de prevenção ou desativação do ativismo social de camponeses no Terceiro Mundo.

Nos EUA, por outro lado, os problemas próprios dos anos 1960, como a imposição da hegemonia pelo exercício das guerras e, internamente, as exigências do enfrentamento da pobreza e da garantia dos direitos humanos, ganharam atenção governamental. Na década de 1970, aconteceu a inflexão do início da decadência hegemônica, decorrente do acúmulo de três derrotas estadunidenses: o fim da conversibilidade do dólar ao ouro (1973), a perda na Guerra do Vietnã (1975) e a ascensão do islamismo no Oriente Médio, com a vitória da Revolução Iraniana (1979).

Na URSS, a situação não era menos complexa no que diz respeito à administração do bloco comunista. Em 1956, por exemplo, a Revolta Húngara expressou o descontentamento com a censura e a contenção da liberdade de expressão, assim como ocorreu o ataque soviético à proposta de socialismo de face humana representado pela Primavera de Praga, em 1969.

Entre 1981 e 1983, os distúrbios rebeldes e contestatórios na Polônia colocaram em questão a dominância soviética, mantida somente pela repressão imposta por lei marcial. Seis anos depois, a Queda do Muro de Berlim, em 1989, expôs as debilidades da presença soviética na Alemanha Oriental, sem conseguir impedir o começo de sua reunificação com a Alemanha Ocidental.

Diante das fragilidades interna e externa das duas nações líderes na gestão dos seus respectivos blocos de países, a reestruturação política e econômica foi estabelecida a partir da década de 1980, com fortes implicações na Ordem Internacional até então vigente. Na URSS, por exemplo, a reestruturação comunista proposta por

64 | O BRASIL NA CONSERVADORA MODERNIZAÇÃO CAPITALISTA

Mikhail Gorbachev (1985-1991), denominada *Perestroika* (econômica) e *Glasnost* (política), resultou em grande fracasso, levando, inclusive, à dissolução do próprio bloco soviético, em 1991. No caso dos EUA, a reestruturação capitalista se mostrou exitosa, tendo sido experimentada, inicialmente, pelo governo de Margaret Thatcher (1979-1990) na Inglaterra. Mas coube ao presidente estadunidense Ronald Reagan (1980-1989) tornar o neoliberalismo dominante no mundo, em especial após o fim da Guerra Fria.

O desmonte do Segundo Mundo foi acompanhado pela difusão das reformas liberalizantes dos mercados, permitindo a generalização da globalização capitalista, que desconstituiu também o Terceiro Mundo. Para isso, o recorrente esforço fiscal por parte do Estado se mostrou fundamental tanto para que internamente o poder do complexo industrial militar se mantivesse intocável quanto para que externamente as grandes corporações transnacionais sustentassem a unipolaridade estadunidense, através das cadeias globais de valor.

Em consequência, ocorreu o distanciamento crescente das perspectivas constitutivas do pós-Segunda Guerra Mundial de prevalência do capitalismo organizado e da continuidade das reformas civilizatórias possibilitadas pelo Estado de bem-estar social. A desigualdade crescente e a volta da pobreza e do desemprego em massa demonstraram a perversidade do vigor da financeirização a valorizar o estoque da riqueza dos poderosos nos EUA, bem como nos demais países onde prevaleceu o receituário neoliberal a partir da década de 1980.

2.2 A CONSTRUÇÃO DA MODERNIDADE CAPITALISTA NO BRASIL

O Brasil passou completamente à margem do processo de modernização ocidental introduzido pela Primeira Revolução Industrial, ocorrida na Inglaterra. Sob a condição de colônia, permaneceu submetido ao exclusivismo metropolitano lusitano, abolido somente em 1808, com a chegada da Família Real ao Rio de Janeiro.

Com a abertura dos portos definida por D. João VI, a conexão com a Era Industrial transcorreu de maneira gradual e bem restrita. Mesmo com o passar do tempo, fundamentalmente as poucas famílias muito ricas foram aquelas que tiveram acesso à importação de bens e serviços industriais procedentes da Inglaterra.

Sem produzir internamente, a aquisição de máquinas e produtos manufaturados dependia da capacidade de pagamento em ouro ou libra esterlina advinda das exportações de produtos primários. Essa situação não se alterou com a Declaração da Independência nacional (1822), muito menos com a Proclamação da República (1889).

A longevidade hegemônica de parte da oligarquia agrária internalizada no comando do poder político e da estruturação da sociedade obstaculizou as tentativas de transição para a Era Industrial. A defesa da vocação agrária apregoada pela ideologia liberal das vantagens comparativas naturais impôs ao país o atraso de quase dois séculos para transitar da condição de mero consumidor/importador para a de produtor/exportador de manufaturas.

Com isso, o subdesenvolvimento e a dependência externa se consolidaram. O país perdeu não somente a corrida no acesso à Primeira Revolução Industrial, da segunda metade do século XVIII (mecanização têxtil, motor a vapor, ferrovia e outros), como também no acesso à Segunda Revolução Industrial, do final do século XIX (motor a combustão, petróleo, eletricidade, telefone e outros).

Ademais da reação interna contrária à submissão nacional estabelecida pela inserção na Era Industrial enquanto consumidor/importador de bens manufaturados, tornou-se fundamental a crise interna decorrente da Grande Depressão de 1929. Com a queda nos preços e na quantidade exportada de *commodities*, a política dos governadores condutora do Estado mínimo liberal não mais conseguiu manter o nível de renda internamente, impondo prejuízos generalizados.

Diante da decadência da economia cafeeira e, por consequência, do poder político da oligarquia agrarista, o capitalismo nascente ficou sem rumo. Após a Revolução de 1930, a ilusão liberal ficou para trás, com a construção do Estado moderno, necessário para mudar a posição do Brasil na DIT e fazer avançar a ordem social competitiva internamente.

A implementação do projeto de substituição das importações através da internalização da produção manufatureira estabeleceu inédito rumo de modernização do capitalismo no Brasil. Em plena década de 1920, o movimento cultural em torno da temática modernista se insurgiu criticamente em relação ao atraso nacional, sobretudo quanto à dependência externa.

O movimento modernista, culminado no sarampão antropofágico, parecia indicar um fenômeno avançado. São Paulo possuía um poderoso parque industrial. Quem sabe se a alta do café não ia colocar a literatura nova-rica da semicolônia ao lado dos custosos surrealismos imperialistas? Eis, porém, que o parque industrial de São Paulo era um parque de transformação. Com matéria-prima importada. Às vezes originário do próprio solo nosso.[1]

O propagado capitalismo nascente sob o liberalismo no Brasil produzia males que foram criticados ao longo da República Velha, porém sem força política suficiente para instalar outra maioria no governo. Da campanha civilista de Rui Barbosa, passando pela greve geral de 1917, até as diversas revoltas armadas (Canudos, Chibata, da Vacina, do Contestado, dos Tenentistas, Federalistas, Coluna

---

[1] Andrade, 1987, p. 10.

Prestes e outras), encontrava-se em curso uma nova frente de sentido ideológico antiliberal.

Entre as décadas de 1930 e 1970, o Brasil se converteu num dos países com maior dinamismo econômico, passando do 17º para o 8º maior PIB do mundo capitalista. Com isso, a passagem do agrarismo para a sociedade urbana e industrial transcorreu rapidamente, porém marcada por uma significativa desigualdade.

A ausência das reformas clássicas do capitalismo contemporâneo (fundiária, tributária e social) no Brasil terminou por permitir que a modernização capitalista acontecesse submetida a intenso conservadorismo. Diante disso, encontra-se nas páginas a seguir a descrição do processo conservador de modernização capitalista transcorrido no Brasil entre a Revolução de 1930 e o final do governo Geisel, em 1979.

2.2.1 A modernização do Brasil no capitalismo periférico

Ao inserir-se no mundo da Era Industrial como um país consumidor de produtos manufaturados, o Brasil teve de percorrer mais de cem anos dependendo das importações de máquinas e produtos manufaturados. E, por não dispor de moeda de pagamento para importar, tornou-se prisioneiro do modelo econômico primário-exportador.

Essa posição do Brasil na DIT repercutiu internamente, repartindo o total de sua população em, pelo menos, dois grupos distintos. De um lado, o grupo minoritário, porém muito rico, situado no andar de cima da sociedade, pois vinculado ao conjunto das atividades de produção e exportação de *commodities*. De outro, a maior parcela restante da população, que teve de se acomodar no apertado andar de baixo, em geral submetida às atividades de natureza servil dirigidas ao andar de cima ou àquelas de subsistência, pois sobrante do capitalismo nascente. Com essa população desprovida

68 | O BRASIL NA CONSERVADORA MODERNIZAÇÃO CAPITALISTA

de políticas públicas, uma vez que o Estado mínimo liberal se voltava aos ricos, prevalecia a exclusão do acesso a educação, saúde, cultura e transporte decente. Essa parte da sociedade, exposta às profundezas da reprodução da vida pelo trabalho em atividades de subsistência humana, somente passou a ter algum acesso ao consumo de bens e serviços da Era Industrial a partir da Revolução de 1930.

Com a valorização da produção nacional, o projeto de modernização trazido pelos tenentistas abriu espaços para o processo de integração social da população sobrante do capitalismo, situada no andar de baixo da antiga sociedade agrária. O desafio se encontrava em converter a massa sobrante no meio rural em proletários empregáveis no interior da sociedade urbana e industrial.

Esse processo transformador da estrutura da sociedade não resultou da espontaneidade da expansão capitalista. A construção do Estado moderno se mostrou fundamental, capaz de definir os parâmetros da cidadania regulada por legislação específica, composta por direitos sociais e trabalhistas – expressos na Consolidação das Leis do Trabalho (CLT).

O objetivo original era o de estender os direitos ao conjunto da classe trabalhadora, embora a burguesia agrária tenha vetado qualquer alteração no meio rural. Assim, somente os empregados assalariados foram beneficiados, o que representou o alcance de 13% da força de trabalho a ter acesso aos direitos sociais e trabalhistas.

Os trabalhadores rurais somente começaram a ter acesso gradual a esses direitos a partir do Estatuto do Trabalhador Rural, introduzido em 1963, quando a maioria da população passava a ser urbana. O grande entrave à generalização da ordem social competitiva com o mínimo de regulação capitalista foi a posição conservadora da oligarquia agrarista.

A contrarrevolução paulista de 1932, por exemplo, expressou a resistência ao avanço da sociabilidade capitalista regulada, impondo o acordo do agrarismo com o movimento tenentista, para que o governo, até então provisório, fosse institucionalizado através de uma nova constituição. Com isso, a oligarquia rural buscou ganhar tempo, na expectativa de que a postergação do movimento reformista permitisse, nas eleições presidenciais de 1938, a sua volta ao governo. Mas o golpe do Estado Novo (1937-1945), que inviabilizou a volta da oligarquia rural, permitiu a consolidação, pelo menos em parte, do projeto tenentista. Isso porque o governo de Getúlio Vargas (1930--1945) convenceu os militares de que, no contexto de guerras mundiais, a internalização do complexo industrial militar era necessária.

A modernização da sociedade passaria pela industrialização nacional, que, no âmbito da Segunda Revolução Industrial, ocorreria somente com forte intervenção estatal. Dessa forma, o Brasil foi um dos primeiros países capitalistas a sair da grave recessão imposta pela Grande Depressão de 1929, construindo convergência externa com os EUA, que apoiaram o Brasil na construção de sua indústria de base no início da década de 1940.

Nas mais de três décadas que seguiram o fim da Segunda Guerra Mundial, o Brasil conseguiu completar a sua industrialização assentada na Primeira e na Segunda Revolução Industrial. Na década de 1950, o país conseguiu internalizar o conjunto de indústrias pesada e de consumo durável, durante os governos de Getúlio Vargas (1951--1954) e de Juscelino Kubitschek (1956-1961).

Com isso, a população brasileira se tornou rápida e majoritariamente urbana durante a década de 1960, o que gerou consequências profundas no interior da sociedade. Em meio século, considerando os anos de 1920 a 1970, os habitantes das cidades, que equivaliam a apenas 1/5 da população total, tornaram-se a maior parte dos brasileiros.

Nos anos 1970, por fim, o Brasil completou o ciclo da industrialização no governo de Ernesto Geisel (1974-1979), embora os principais países de capitalismo avançado já estivessem diante de um novo salto tecnológico. Mesmo assim, o Brasil se posicionava na periferia do capitalismo ocidental como a oitava economia mais importante.

Todo esse protagonismo material não corresponderia, contudo, ao avanço político e social. Em meio século de modernização capitalista (1930-1980), o país contou somente com menos de duas décadas de regime democrático. Ou seja, quase 2/3 do período foi ocupado por governos autoritários, que buscaram controlar ou reprimir a sociedade civil e, sobretudo, o movimento popular em torno de sua auto-organização.

Ademais do atraso político acumulado, a modernização capitalista não alcançou a totalidade da população brasileira. De um lado, percebe-se a ausência de reforma agrária, em parte esvaziada pela repressão ao movimento dos agricultores sem-terra e pela expansão da fronteira agrícola pelas regiões Norte e Oeste do país.

Mesmo assim, o brutal deslocamento da população do campo para as cidades, sem planejamento governamental e realizado em curto espaço de tempo, resultou no comprometimento da construção de mercado de trabalho, abundante em mão de obra. Em função disso, houve a prevalência de importantes obstáculos à organização sindical, e, por consequência, o poder aquisitivo dos salários foi reduzido.

De outro lado, a ausência de reformas tributária e social terminou fazendo com que o maior peso do financiamento do Estado ficasse concentrado na população de menor rendimento. Os ricos, em geral, conseguiram desfrutar de parte do gasto público, porém sem quase contribuir tributariamente.

Além da retirada de maior parcela proporcionalmente à renda dos mais pobres para o financiamento do fundo público, o acesso às políticas públicas de bem-estar social existentes foi quase nulo para grande parte da população. Sem a universalização do acesso a educação, saúde, assistência social e outros serviços públicos, a desigualdade originária da sociedade de classes não foi contida pela possível atuação estatal.

Em certo sentido, a intervenção pública favoreceu justamente os segmentos privilegiados pelo próprio processo de modernização capitalista. Enquanto o empresariado se beneficiou da ausência de sistema tributário progressivo, a classe média assalariada teve acesso privilegiado à educação superior e aos empregos público e privado, bem como ao crédito subsidiado para habitação e consumo de bens duráveis de maior valor unitário.

Por fim, o proletariado que se situava nos segmentos modernos da economia foi contemplado pela disponibilidade da carteira de trabalho assinada, que representa a sua conexão aos direitos sociais e trabalhistas. Dessa maneira, passou a constituir identidade e pertencimento formal à categoria profissional munida de sindicato, justiça trabalhista e direito a salário mínimo, férias, descanso semanal remunerado, aposentadoria e outros.

Não obstante o vigor do dinamismo capitalista, compatível com o significativo avanço do assalariamento que equivaleu a mais de 2/3 do total dos ocupados no último quarto do século XX, cerca da metade do proletariado permanecia sem acesso aos direitos sociais e trabalhistas. Trata-se de uma inquestionável expressão da desigualdade na transição da sociedade agrária para a industrial, o que também se reproduziu no processo de urbanização.

Após meio século de rápida urbanização, o país se encontrou diante da enorme periferização nos seus grandes centros metropolitanos. Para a elite branca, em geral, a sua localização ocorreu prioritariamente no centro das cidades ou nas áreas privilegiadas por condomínios dirigidos pela especulação imobiliária.

Ao conjunto da população pobre, majoritariamente constituída por negros e miscigenados, restaram as áreas periféricas distantes do centro e as favelas. De maneira geral, essas localidades não apresentavam serviços públicos decentes (transporte coletivo, saneamento, iluminação, escola, posto de saúde e outros), e os indivíduos não tinham a posse do terreno e do imóvel reconhecida.

2.2.2 A consolidação política antiliberal no interior da construção da sociedade urbana e industrial

A consolidação da burguesia industrial no Brasil se distingue de outras experiências nacionais. Externamente, a consolidação da burguesia industrial transcorreu mediante o deslocamento das relações nacionais da decadente hegemonia inglesa para a ascendente liderança dos EUA na Segunda Revolução Industrial.

Apesar de suas conexões com o capital externo, fruto do próprio processo de formação social capitalista periférico e dependente, a fração burguesa industrial assumiu a sua condição de protagonismo no interior da classe dominante, alterando a relação com o centro dinâmico mundial. Guardada a devida proporção, a Declaração da Independência foi acompanhada pela transição das relações nacionais da atrasada metrópole portuguesa para a Inglaterra, que ascendia assentada na Primeira Revolução Industrial.

Como não poderia deixar de ser, o modo de vida no país passaria a registrar alterações internas em conformidade com a dependência ao principal parceiro no comércio externo. Com a abertura dos portos, em 1808, logo na chegada da Família Real, por exemplo, o exclusivismo do comércio externo com Portugal chegou ao fim, impondo a perda de cerca de 5/6 do seu mercado externo com o Brasil Colônia.

A consequente inundação de produtos manufaturados ingleses ao longo do século XIX terminou por impor transformações sociais, urbanas e até mesmo na vida cotidiana dos brasileiros, com a difusão de novos hábitos e costumes. Como pagamento pelas importações industriais, a Inglaterra absorvia grande parcela do algodão baiano e cearense, do açúcar pernambucano, bem como do cacau, da borracha, da madeira e da salsaparrilha do Pará e do café do Rio e de São Paulo. As duas guerras mundiais (1914-1918 e 1939-1945) reverteram as relações comerciais da dominância inglesa para a estadunidense no Brasil. No ano 1941, por exemplo, 57% das exportações brasileiras foram para os EUA (16% em 1913), enquanto 52% das importações do Brasil provinham dos EUA (32% em 1913).

As repercussões internas não deixaram de se apresentar, com os brasileiros sendo cada vez mais influenciados pelo estilo de vida americano (*American way of life*), em que o central da existência pessoal passava pelo consumismo e pelo individualismo assentado na mobilidade social. Nesse sentido, a massificação dos meios de comunicação (rádio e televisão) se mostrou fundamental para a difusão de padrão de vida, *status*, beleza e comportamentos baseados na concepção de felicidade pelo consumo.

Internamente, a consolidação da burguesia industrial resultou mais de uma recomposição das estruturas do poder oligárquico e patrimonial agrarista do que de uma transformação profunda na base da sociedade. No Brasil, o espírito burguês não se mostrou suficiente para superar plenamente os traços marcantes da estrutura social pretérita, incapaz de se desvincular dos estamentos senhoriais proprietários.

Em vez do rompimento da ordem política interna, prevaleceu, em geral, a conciliação de interesses entre as burguesias agrária e industrial, esvaziando a cultura democrática no país.

A democracia no Brasil foi sempre um lamentável mal-entendido. A ausência de verdadeiros partidos não é entre nós, como há quem suponha singelamente, a causa de nossa inadaptação a um regime legitimamente democrático, mas antes uma consequência dessa inadaptação. A República [...] não criou nenhum patriciado, mas apenas uma plutocracia. O personalismo – ou mesmo a oligarquia, que é o prolongamento do personalismo no espaço e no tempo – conseguiu abolir as resistências da demagogia liberal.[2]

A burguesia industrial demonstrou enorme pragmatismo para conviver com a diversidade de regimes políticos no século XX (oligárquico, liberal e ditatorial). Mais do que isso, houve a caracterização de uma burguesia mais de natureza interna do que nacional diante da intensa permeabilidade ao capital estrangeiro, dependente de tecnologia.

Ao não existirem grandes conflitos de interesses econômicos entre setores nacionais e estrangeiros do empresariado, percebe-se a comprovação de uma burguesia nacional. Trata-se muito mais de uma burguesia interna, despreocupada em relação a temas que abrangem desde a defesa e a liberdade da nação em face do imperialismo até a aliança política de inclusão das massas populares.

Em vários casos, por exemplo, tradicionais parcelas do empresariado comprometido com a importação de manufaturados terminaram se convertendo em produtores internos. Isso indicou o quanto o processo de acumulação de capital se consolidou diante da dinâmica do mercado interno.

De toda forma, industriais que não se inclinaram ao confronto com a burguesia agrária tampouco se envolveram em articulações com a classe trabalhadora. Mediante sua postura pragmática em alianças com a burguesia agrária e o capital estrangeiro, esses industriais se mantiveram também restritivos ao projeto nacionalista e popular.

[2]   S. B. de Holanda, 2014, p. 132.

Essa classe buscou ainda delimitar autonomia perante o Estado – especialmente ele, que foi o instrumento central da construção da industrialização tardia no país. Em função disso, prevaleceu como consequência a combinação entre padrões de dominação burguesa e a condução política conservadora e autocrática intrínseca à oligarquia agrarista.

Assim, os movimentos internos em defesa da industrialização sempre encontravam, na reação liberal, uma resistência consistente e dominante. Durante a República Velha, por exemplo, Joaquim Murtinho, ministro do governo Campos Sales (1898-1902), foi o importante propagandista do artificialismo da indústria existente no país perante a preferência pela produção agrícola, base do nacionalismo brasileiro.

Recorrentemente, a reação ruralista expressava a sua posição anti-industrialista e antiurbana, em defesa das vantagens econômicas naturais e da superioridade do modo de vida do campo. Também pensadores conservadores do Brasil agrário, como Alberto Torres (1865-1917), propunham a reintegração ao modo saudável da vida rural. Além dele, destacaram-se Américo Werneck (1855-1927) e Eduardo Frieiro (1889-1982) na continuidade da dominância do pensamento econômico de natureza anti-industrialista e de posições autocráticas diante da ascensão das agitações sociais nos centros urbanos do país.

Somente a partir da década de 1940 que o debate de desenvolvimentistas com liberais – como, por exemplo, entre o industrial Roberto Simonsen, presidente da Federação das Indústrias do Estado de São Paulo, e o professor de economia ortodoxa Eugênio Gudin, ministro da Fazenda de Café Filho (1954-1955) – indicou outro rumo ao país. Em grande medida, a frente política constituída pela Revolução de 1930 era ideologicamente heterogênea, porém antiliberal e favorável, portanto, à construção de outro Estado, com capacidade de intervenção em face do atraso imposto pelo capitalismo liberal.

Nesse sentido, o Estado passou a assumir a função de mantenedor da unidade diante do novo curso da modernização capitalista, conduzida no interior de uma sociedade burguesa em transformação. Com o novo Estado constituído, coube a internalização dos interesses políticos das classes dominantes, mais do que a representação direta dos seus interesses econômicos.

Mas a égide alcançada pela burguesia industrial no interior das classes dominantes dependeu do papel estratégico assumido pela construção do novo Estado nas décadas de 1930 a 1970. Isso porque o desenvolvimento do capitalismo tardio no Brasil foi acompanhado pela estruturação de burguesia de natureza dependente do capital estrangeiro.

Não fosse a atuação estatal, a burguesia industrial estaria associada à condição de intermediária do capital externo, restrita à sua implantação e à sua reprodução no país. Por isso, coube ao Estado, por meio da reestruturação tecnoburocrática, cumprir o papel de agente central no processo de modernização capitalista, com importante presença política do empresariado industrial na tomada de decisão nacional.

Acontece que, na industrialização tardia, o antigo sistema da livre concorrência dos mercados havia sido tomado pelo processo de monopolização e centralização do capital. O controle da tecnologia e dos mercados pelas grandes empresas tornava inescapável a reprodução do subdesenvolvimento, da pobreza e da dependência das nações ao domínio externo.

Por isso, a política de substituição de importações tornou fundamental a proteção à produção de conteúdo nacional, permitindo que o fortalecimento da burguesia consagrasse a constituição da nova sociedade urbana e industrial. Diante da intensa competição intracapitalista, o sistema corporativo de representação de interesses, implementado a partir dos anos 1930, permitiu aos industriais terem acesso organizado e ativo à mesa de negociação dos rumos do país, muito mais que a submissão ao controle estatal.

Assim, o Estado atuou em benefício da burguesia industrial – o que significou, na prática, uma postura em que os empresários industriais atuavam muito mais pela via da estrutura corporativa do que pela via da representação tradicional, por meio dos partidos e do parlamento.

Entre as décadas de 1930 e 1980, por exemplo, a presença de representantes da burguesia industrial em cargos de relevo em diferentes governos foi uma constante, o que foi fundamental no processo de transição do agrarismo para a sociedade urbana e industrial. Ao mesmo tempo, a atuação em instituições privadas, para além da estrutura do sindicalismo oficial, também reforça o empenho dos industriais na disputa pela modernização capitalista, ainda que conservadora.

Entre as opções vindas do fascismo travestido de integralismo (Ação Integralista Brasileira) e do comunismo identificado pela Aliança Libertadora Nacional, prevaleceu a defesa do projeto de modernidade ocidental que combinasse o protecionismo e limites à centralização estatal.

Com a derrocada do Estado Novo, juntamente com o fim da Segunda Guerra Mundial, em 1945, e a consolidação da Guerra Fria, o país convive com a sua primeira experiência democrática alargada, com voto secreto e universal para os alfabetizados, justiça eleitoral e liberdade partidária. Nesse contexto, a prevalência de uma estrutura multipartidária e de inédito caráter nacional não se tornou imune à ação da burguesia industrial, embora fosse a aristocracia agrária a mais enfática na atuação político-eleitoral.

Os três maiores partidos, o Partido Social Democrático (PSD), a União Democrática Nacional (UDN) e o Partido Trabalhista Brasileiro (PTB), dominaram a cena política. Os partidos menores,

78 | O BRASIL NA CONSERVADORA MODERNIZAÇÃO CAPITALISTA

como o Partido Socialista Brasileiro (PSB), o Partido Republicano (PR) e o Partido Social Progressista (PSP), tiverem importância regional, sobretudo após a proibição do Partido Comunista Brasileiro (PCB). A interrupção democrática a partir de 1964 internalizou a convergência anticomunista e autoritária proveniente do ambiente externo da Guerra Fria. Sem abandonar o projeto de industrialização nacional, a ditadura prosseguiu com a modernização capitalista, aprofundando o conservadorismo das classes dominantes.

2.2.3 O Brasil sob a hegemonia estadunidense no sistema capitalista mundial

No contexto internacional demarcado pela polarização tanto intracapitalista de duas guerras mundiais com o recentramento entre Alemanha e EUA na sucessão inglesa até 1945 quanto, na Guerra Fria (1947-1991), entre dois blocos de países (capitalistas e socialistas), o Brasil avançou na construção de um singular projeto de desenvolvimento nacional. Ao criar as condições para que a força do seu dinamismo econômico ocorresse internamente, conseguiu romper com mais de quatro séculos definidos a partir do exterior.

Por meio século, o país construiu uma das principais experiências globais de montagem material do sistema capitalista industrial, complexo, diversificado e integrado ao mundo contemporâneo. Parecia ficar para trás, portanto, o presente do passado representado pela história econômica assentada figurativamente na espera pela "procissão de milagres" determinada a partir do estrangeiro, conforme os milagres dos complexos regionais da cana-de-açúcar, da mineração, do café e de outros.

A ênfase no desenvolvimento do mercado interno permitiu enfrentar o arquipélago de ilhas econômicas regionais herdadas do passado colonial, imperial e da instalação republicana. Mesmo com o capitalismo nascente, a economia brasileira seguia pouco articulada internamente, tendo em vista que a descentralização política e administrativa permitia a cada estado da federação manter relação externa comercial e financeira.

Desde a década de 1930, a promoção da industrialização nacional teve como eixo estruturador inicial o projeto nacional de centralização administrativa e política voltada à substituição de bens e serviços industriais. Com isso, ocorreu a integração territorial da nação, moldada a partir do sistema produtivo complexo e articulado, assentado na perspectiva da construção da sociabilidade do trabalho assalariado.

Para tanto, a antiga elite dirigente formada ainda no Império e na República Velha precisou ser substituída. Até então os bacharéis em Direito, vinculados à oligarquia agrária, formavam substancialmente o corpo social, que se deslocou da burocracia do Estado absolutista para a do Estado mínimo liberal capitalista.

Predominava, assim, a "nobreza doutoral", que, mesmo distante do profissionalismo civil e militar, mantinha a funcionalidade da República permeada de vícios. No entanto, o aparecimento de crescente crítica política e social indicou o quanto o projeto de vida da elite instruída da época era o de estar fora do país, mesmo atuando numa espécie de país do exílio, negado ao conjunto dos trabalhadores de vida miserável. Além disso, os detentores da titularidade de doutores permaneciam se apropriando, em grande medida, de parcela das subvenções públicas, de percentagens de concessões, dentre outros privilégios.

Com a Revolução de 1930, a construção do Estado moderno passou pela revogação, em 1942, do decreto de D. Pedro I que garantia a titulação de doutor aos formados em faculdades. A estruturação de um novo corpo social civil e militar no interior da administração pública federal se orientou pela perspectiva do aparecimento da nova sociedade urbana e industrial.

80 | O BRASIL NA CONSERVADORA MODERNIZAÇÃO CAPITALISTA

A centralização administrativa e a constituição de carreiras de acesso por concurso a mais de 150 mil funcionários de Estado foram consolidando uma elite dirigente própria aos desafios do projeto de industrialização e urbanização nacional. A criação do Departamento Administrativo do Setor Público (Dasp), em 1938, definiu as bases operacionais da burocracia e os seus instrumentos de orçamento e planejamento estatal.

Para isso, destacou-se, como peça especial do desenvolvimentismo brasileiro, a especial constituição, no seio da administração pública federal, dos intelectuais orgânicos do Estado. Ao destoar do passado da elite instruída, negando a operação dos poderes estabelecidos por instituições e entidades públicas ao controle da ordem estabelecida, esse processo colocou em marcha a estruturação de outro projeto de país, quando o povo começou a fazer parte do orçamento público.

Na segunda metade da década de 1950, a burocracia pública tradicional apontava sinais de anacronismo. Para operar o Plano de Metas, que respondeu pela implantação da indústria pesada no país, o governo de Juscelino Kubitschek de Oliveira (1956-1961) implementou uma administração paralela às atividades de rotina, através da formação dos grupos executivos e do conselho de desenvolvimento.

Com a ditadura civil-militar, aconteceu a primeira grande mudança na administração pública federal, de caráter gerencial. Pela reforma administrativa de 1967, ocorreu progressivamente a maior centralização das decisões no Poder Executivo federal, visando melhorar a eficiência e a efetividade da execução das políticas governamentais.

Dessa forma, o propósito inicial dos intelectuais orgânicos do Estado foi interrompido, pois substituído pela moldagem tecnocrática, segundo revelaram Eugênio Gudin ("Intelectuais ou homens de Estado?", em *Reflexões e comentários*) e Roberto Campos ("Em defesa dos tecnocratas", em *Do outro lado da cerca*).

Para isso, a educação brasileira foi profundamente reformada, concedendo-se centralidade à formação de especialistas atrelados à ideologia tecnocrática do capital humano, favorável ao processo de modernização autoritária.

De todo modo, a nova configuração do corpo social no interior do aparelho de Estado se mostrou capaz de levar adiante a materialização da modernização capitalista. Ao mesmo tempo, houve a indução ao movimento de proletarização urbana da população inorgânica ao capitalismo nascente.

Para tanto, aconteceu o processo de deslocamento da massa sobrante de força de trabalho situada no campo para as cidades. Com isso, observou-se a internalização de amplas parcelas da população trabalhadora com acesso a direitos sociais e trabalhistas no âmbito da sociedade urbana e industrial em construção.

O estabelecimento do padrão de cidadania à população urbana trabalhadora era seletivo aos portadores do contrato de trabalho assalariado formal. Diante da resistência patronal, sobretudo rural, a incorporação do mundo do trabalho à regulação pública dos direitos sociais e trabalhistas foi crescente, mas gradual.

Em 1943, com a CLT, os empregados urbanos assalariados passaram a ser incorporados, em especial nas grandes cidades. Vinte anos depois, com a aprovação do Estatuto do Trabalhador Rural, em 1963, parcela da mão de obra do campo passou a ter acesso gradual e seletivo aos direitos sociais e trabalhistas, ainda que em patamar inferior ao dos empregados urbanos assalariados.

Foi somente com a nova Constituição Federal de 1988 que os direitos sociais e trabalhistas foram equiparados entre os trabalhadores, embora apenas a metade dos ocupados tivesse acesso ao emprego assalariado formal. Do total dos ocupados, cerca de 2/3 eram assalariados, enquanto 1/3 era considerado informal, uma vez que as empresas se negavam a contratá-los formalmente.

82 | O BRASIL NA CONSERVADORA MODERNIZAÇÃO CAPITALISTA

Em geral, prevaleciam os setores de menor escala e produtividade, bem como aqueles em atividades de subsistência constituídas por empreendimentos de capital nacional. Até então, empresas transnacionais no interior da estrutura produtiva eram as que ofereciam melhores condições de trabalho.

Por serem empresas líderes nas economias capitalistas avançadas, a sua relação com o sistema produtivo era marcada pela crescente oligopolização. Ao mesmo tempo, apresentavam maior dinamismo, contribuindo para mudanças profundas nas transformações estruturais no sistema produtivo.

Por outro lado, ao definirem a produção em conformidade com as necessidades de seus mercados de origem, especialmente formados por consumidores de níveis de renda elevados, tornaram funcionais as decisões governamentais pela concentração da renda no Brasil, sobretudo durante os governos militares. Nesse sentido, o estilo da industrialização no capitalismo periférico que teve como um dos agentes a presença da empresa transnacional se mostrou insuficiente para reduzir a heterogeneidade social que marca o subdesenvolvimento brasileiro.

Da mesma forma, a escassa transferência tecnológica internalizada no sistema produtivo nacional terminou por comprometer o desenvolvimento endógeno das novas técnicas de processo e produtos. Mesmo com a importante mudança na DIT, com a majoritária presença das exportações de produtos manufaturados, as empresas não realizavam, em geral, o desenvolvimento tecnológico no Brasil, dependendo, no caso das empresas multinacionais, da definição de suas matrizes.

Tudo isso considerando que o Brasil se insere em uma região geográfica considerada vital aos EUA, conforme definido pela Doutrina Monroe. Mas essa condição não significou aceitar o estabelecimento de um país cujo sistema produtivo pudesse competir em nível de equivalência com os EUA, não obstante a sua superioridade tecnológica, militar e monetária.

Ao mesmo tempo, os EUA constituíram relações privilegiadas com as elites internamente dominantes. A começar pela década de 1870, quando liberaram a entrada do café brasileiro, estabelecendo relação de subsidiariedade e complementaridade econômica.

Assim, ocorreu a identificação interna das elites dirigentes quanto à condição de hegemonia estadunidense e o seu alinhamento político, o qual praticamente isolava o Brasil na América do Sul.

Na condição de periferia dos EUA, internalizou-se o sonho de modernização assentado no consumismo e estruturado em torno do automóvel, o que deixou para trás o projeto britânico da Missão Montagu (1823-1824) de expandir e consolidar a malha ferroviária no país.

O significativo ingresso do capital estrangeiro a partir da década de 1950 colocou como prioridade governamental o padrão rodoviário movido a petróleo, tornando obsoletos as ferrovias e os bondes existentes no Brasil. A dependência nacional de combustível não renovável se aprofundou com o novo formato do sistema de transporte a integrar o conjunto do território nacional de dimensão continental.

De todo modo, a vinculação comercial e produtiva com o capital estrangeiro, sobretudo estadunidense, permitiu ao Brasil ocupar posição estratégica na distribuição relativa de poder na América do Sul. Nesse sentido, o país deslocou o papel que até então a Argentina exercia enquanto a grande potência regional até o início do século XX.

Percebe-se como as elites dirigentes se destacaram no Brasil por se anteciparem ao movimento de recentralização do mundo, uma vez que articulação prévia com os EUA abriu espaços possíveis no ambiente de reconfiguração periférica ao longo do século XX.

84 | O BRASIL NA CONSERVADORA MODERNIZAÇÃO CAPITALISTA

Assim, ocorreu a transformação do antigo agrarismo em sociedade urbana e industrial compatível com a legislação social e trabalhista, a organização e a representação dos trabalhadores em sindicatos, com a elevação da participação da indústria na composição do sistema produtivo e com a presença dominante nas exportações de produtos manufaturados.

Com isso, a participação dos bens alimentícios no total das exportações decaiu quase 70% entre as décadas de 1960 e de 1980. No ano 1989, 1/4 de toda a exportação brasileira provinha dos bens alimentícios, enquanto em 1962 equivalia a cerca de 3/4 das vendas externas do Brasil.

Um passo gigantesco, que estruturou a modernização capitalista sem, contudo, superar o subdesenvolvimento e a dependência externa. A marca do conservadorismo se mostrou fundamental para que a heterogeneidade social prevalecesse, com parcela significativa da população excluída de padrão de vida decente, compatível com a dimensão da estrutura do sistema produtivo.

Com a industrialização e a urbanização, surgiam novos problemas e acentuavam-se as diferenças entre as várias regiões do Brasil. O profundo contraste entre zonas rurais e urbanas, entre áreas prósperas e decadentes, criava tensões que se expressam em conflitos na esfera política e eclodem em movimentos questionadores, geralmente respondidos por ação autoritária e antidemocrática.

De qualquer forma, a expansão produtiva do ciclo sistêmico de acumulação liderado pelos EUA foi acompanhada pela industrialização nacional, movida fundamentalmente pelo deslocamento da oligarquia agrário-exportadora do poder. Com a Revolução de 1930, o novo modelo de substituição de importações foi posto em marcha, com importante ênfase do Estado na coordenação dos investimentos e na promoção da infraestrutura.

2.2.4 O fim do arquipélago na ordem do progresso interno desigual

A passagem para o capitalismo nascente até o primeiro terço do século XX transcorreu desinteressada do fortalecimento e da integração do mercado interno. A descentralização política e administrativa conduzida pela República Velha manteve quase intocadas as antigas ilhas econômicas herdadas do passado colonial.

Somente com a Revolução de 1930, quando o modelo econômico primário-exportador foi superado pelas políticas de substituição de importações, as UF se voltaram para o mercado interno, conduzidas pelo expressivo processo de acumulação de capital. Com isso, o problema estrutural da desarticulação inter-regional e interestadual, herdado do passado colonial, sofreu significativa alteração.

Em meio século de industrialização e urbanização nacional, o mercado interno se fortaleceu concomitantemente com o avanço da integração territorial. Ao considerar, por exemplo, os fluxos inter-regionais de comércio, constata-se que o país passou da média de 18% a 20% da produção nos anos 1940 para mais de 45% nos anos 1960.

Mas isso não ocorreu homogeneamente no território nacional. Na região Sudeste, por exemplo, o comércio inter-regional saltou de 12% para 36% das exportações por vias internas entre os anos 1940 e 1960, enquanto na região Nordeste continuou predominando o comércio intrarregional, sendo 50% das importações vindas de outras regiões e 1/3 das exportações voltadas para o mercado interno.

No mesmo período, as regiões Sul e Centro-Oeste não apresentaram alterações substanciais na intensa trajetória do comércio inter-regional em relação ao total das trocas por vias internas. Na região Norte, por sua vez, o comércio intrarregional, outrora dominante, passou a ser fundamentalmente inter-regional entre as décadas de 1940 e 1960.

Apesar da integração entre as unidades da federação e as grandes regiões geográficas, a desigualdade entre elas se acentuou, diante dos distintos níveis de abertura comercial e estrutura produtiva local. A ausência de homogeneidade foi sentida não somente na integração comercial, mas também nas dimensões produtiva, ocupacional, tecnológica, educacional, infraestrutural e outras.

Por conta disso, o diferencial entre especialização e diversificação produtiva mostrou-se importante no dimensionamento da desigualdade regional em face do período de industrialização e urbanização nacional. A região Sudeste, por exemplo, caracterizou--se pela diversidade produtiva, com exportações de bens de maior valor agregado (manufaturas, máquinas e equipamentos) e com importação de mercadorias de menor valor agregado (matérias--primas, alimentos, bebidas e animais).

Nas demais regiões (Sul, Norte, Centro-Oeste e Nordeste), o comércio inter-regional foi demarcado pela especialização produtiva. Nesse sentido, a situação era inversa e complementar à da região Sudeste, uma vez que essas outras regiões exportavam bens de baixo valor agregado e importavam mercadorias de maior valor agregado.

Como expressão da estrutura produtiva e do comércio inter-regional, destaca-se a importância dos investimentos em infraestrutura, especialmente na malha de mobilidade territorial. Até os anos 1950, a malha viária estava conectada ao padrão inglês das ferrovias e da cabotagem, frágeis na tarefa de interligar o espaço geográfico nacional. Como a opção pelo modelo estadunidense de transporte rodoviário passou a ser dominante, sobretudo no governo JK, os fluxos inter-regionais de comércio também cresceram significativamente.

Com isso, o isolamento das grandes regiões geográficas e das UF mais vinculadas ao exterior começou a ser superado. Concomitantemente com a ampliação dos investimentos na malha rodoviária, os avanços no sistema de comunicações e telecomunicações contribuíram para a reconfiguração do espaço geográfico nacional, sustentada pela integração produtiva.

Mesmo com o salto no progresso da base material do país, a concentração espacial da estrutura produtiva e comercial se fortaleceu. O estado de São Paulo, por exemplo, detinha quase 1/3 das exportações interestaduais, ao passo que a somatória das regiões Norte, Nordeste e Centro-Oeste mal ultrapassava 23% do total das vendas internas. O desequilíbrio na balança comercial inter e intrarregional resultava da dependência produtiva entre grande parte das unidades da federação. É nesse sentido que a região Sudeste, especialmente o estado de São Paulo, terminou sendo favorecida, pois assumiu a condição de centro de dinamismo nacional, por força da concentração das bases da industrialização.

Pelo complexo cafeeiro, o estado de São Paulo foi o principal elo das exportações durante a República Velha, com forte dominância na esfera política do país. Ao mesmo tempo, parte das receitas obtidas pelas exportações de café vazava para algumas atividades internas manufatureiras, em condição sempre superior à de outros estados da federação.

A centralização administrativa e política implementada desde a Revolução de 1930 colocou sob o controle nacional a decisão das importações e exportações, esvaziando a capacidade de os estados comprarem do exterior os bens e serviços industriais. A alternativa apresentada foi a substituição das compras externas das unidades da federação pela produção interna com o conteúdo nacional, crescentemente concentrada no Sudeste, em especial no estado de São Paulo.

Assim, quanto mais a integração do mercado nacional avançou, mais a herança nacional configurada pelo arquipélago territorial formado por ilhas econômicas foi ficando para trás. Com o crescimento

88 | O BRASIL NA CONSERVADORA MODERNIZAÇÃO CAPITALISTA

econômico acelerado e virtuoso para o emprego da força de trabalho, fundamentalmente para o assalariado urbano, a expectativa de construção da sociedade salarial ganhou materialização no país. Mas tudo isso não transcorreu homogeneamente no território nacional. Embora todas as regiões apresentassem dinamismo econômico e ocupacional, uma, mais que as outras, se destacou. Como o estado paulista concentrou a base da industrialização nacional, coube a ele atender, em geral, à demanda de bens e serviços manufaturados proveniente das demais unidades da federação. Em relação a isso, insatisfações políticas passaram a ganhar corpo quanto à centralidade paulista. Da economia primário-exportadora do século XIX à sociedade urbana e industrial do século XX, o estado de São Paulo passou a ser visto como a locomotiva a puxar o conjunto da nação, ainda que com críticas pertinentes ao governo JK.

Insensível aos apelos procedentes de toda parte, o último governo da República insistiu na orientação de criar um único centro dinâmico para o desenvolvimento, em área restrita do território brasileiro. Dizia-se, então, que, uma vez implantado o centro dinâmico único, ele levaria o progresso às demais áreas do País, com as chamadas "ondas de desenvolvimento", que compensariam aquelas áreas de transferência de recursos operadas com a implantação do referido centro. Não foi o que se verificou. O que receberam as demais áreas foi um impacto econômico negativo, consubstanciando na marginalização de sua agropecuária e de seu incipiente parque de bens de consumo. Como as demais áreas brasileiras continuaram e continuam sendo, primordialmente, economias agrárias ou economias sustentadas na elaboração de matérias-primas, procedentes da agricultura ou da pecuária, o regime de trocas comerciais entre o centro dinâmico e as tais regiões não beneficiadas com a implantação da indústria de bens de capital passou a se fazer de forma danosa para as áreas marginalizadas. Essa é exatamente a "doença econômica" que vem afetando o meu Estado, a minha comunidade, doença que, através dos tempos, proletarizou o Nordeste, e vem levando a sua população a uma crescente situação de desespero.[3]

Em grande medida, o movimento geral de industrialização brasileira, com o maior crescimento econômico da região Sudeste, sobretudo de São Paulo, não significou, necessariamente, o empobrecimento de outras regiões geográficas ou de UF. Em realidade, o diferencial no dinamismo do processo de modernização conservadora entre os estados guarda relação com a forma de resolução dos dois principais movimentos reformistas ocorridos em meio século de modernização capitalista.

De um lado, o movimento reformista liderado pelos tenentistas durante a Revolução de 1930 e, de outro, três décadas depois, a campanha das Reformas de Base, no início dos anos 1960. Nas duas ocasiões, a capacidade de bloqueio político do conservadorismo foi exitosa.

Destaca-se, por exemplo, como o programa do Clube 3 de Outubro, conduzido, entre outros, por Osvaldo Aranha, em 1932, enfatizou que a validação do modo de produção capitalista no país passaria pela tributação do lucro e da propriedade privada para o atendimento de sua função social.

> Respeitar o direito patrimonial de propriedade, mas evitar que venha isso a favorecer o parasitismo negocista, insaciável e dissimulado, para o que sempre se terá em vista a função social da propriedade. No conceito da propriedade, não se pode sobrepor à função social o interesse individual. O Estado pode transferir para a coletividade a propriedade das empresas particulares, susceptíveis de socialização, desde que indenize os seus donos segundo o valor da aquisição e dos capitais aí investidos, mais os

---

[3] Brizola, 1961, s.p.

90 | O BRASIL NA CONSERVADORA MODERNIZAÇÃO CAPITALISTA

juros legais, podendo ainda basear-se sobre o último balanço ou sobre os impostos pagos.[4]

Naquela época, a insurgência imposta pela oligarquia agrária, especialmente pela elite cafeicultora de São Paulo – estado economicamente mais importante e mais bem armado da federação –, foi contornada por um acordo político que impôs o conservadorismo no processo de modernização capitalista. Para que o novo modelo econômico de substituição de importações prevalecesse, as reformas clássicas do capitalismo contemporâneo (fundiária, tributária e social) foram postergadas.

A aceitação da institucionalização do governo provisório, com o retorno do país a uma ordem legal, após o término do conflito armado liderado pelas frações oligárquicas de São Paulo, em outubro de 1932, levou à dispersão do Tenentismo enquanto composição hegemônica na conformação do poder. Sem conseguir impor um modelo político que lhe fosse próprio, o movimento reformista político-militar se engajou na formação de aparelhos partidários, na arregimentação eleitoral e na propaganda política, perdendo a proposição reformista e moralizadora.

Como a Revolução de 1930 não conseguira superar as estruturas de poder sob o controle oligárquico estadual, coube a instalação de alianças políticas cada vez mais tradicionais diante das eleições para a Assembleia Nacional Constituinte de 1934. Os insatisfeitos com essa opção tiveram aspirações revolucionárias semelhantes às de 1930, como a constituição da Aliança Nacional Libertadora (ANL), principal esforço no enfrentamento às oligarquias estaduais em luta contra o latifúndio e o integralismo, bem como contra o imperialismo.

---

[4] Clube 3 de Outubro, 1932, p. 23.

Com a acomodação conciliadora entre o reformismo e as oligarquias agrárias, sobretudo do Sudeste, o sistema federalista foi mantido, com a autonomia dos estados e municípios em meio ao fortalecimento do poder central e à maior intervenção estatal.

Neste momento é que se consolida toda uma relação, profunda e contínua, entre Estado e classes produtoras, que não apresenta o sentido só de oportunismo e aventureirismo político. A origem verdadeira dessa ligação é a ação fundamental do Estado, que abrange não só medidas de sustentação da produção agrícola e industrial, mas forma órgãos consultivos e executivos, compostos em parte de pessoas das classes produtoras, e que se destinam a encontrar remédio para a carente economia brasileira em geral. Daí relações novas que se formam e explicam a cordialidade entre as classes produtoras e o governo.[5]

Pelo formato do "Estado de Compromisso" construído a partir de então, o projeto de modernização capitalista viabilizou politicamente as bases internas da industrialização. Mas isso significou incorporar institucionalmente interesses tanto da burguesia como de movimentos populares, mantidos os limites do conservadorismo quanto à realização de reformas civilizatórias do capitalismo.

As consequências geradas, como as desigualdades sociais e regionais, revelaram a prevalência das arcaicas estruturas de poder, como o "coronelismo", o latifúndio, o racismo e o urbanismo periférico. Mesmo assim, o deslocamento da população do campo ocorreu intensamente, seja para as cidades, seja no rastro da expansão da fronteira agrícola para o Centro-Oeste e o Norte do país.

De outro lado, houve o programa de Reformas de Base impulsionadas durante o governo de João Goulart (1961-1964), com seu caráter de reforma do capitalismo brasileiro contido somente

---

[5] Carone, 1975, p. 115.

92 | O BRASIL NA CONSERVADORA MODERNIZAÇÃO CAPITALISTA

pelo Golpe de Estado civil-militar em 1964. De forma unificada, o conjunto de reformas tocava em pontos essenciais da sociedade brasileira, quando se tornava majoritariamente urbana.

No contexto próprio da Guerra Fria, mobilizada pela Revolução Cubana à época, o projeto das reformas agrária, urbana, educacional, bancária e política a ser implementado no Brasil seria o encaminhamento da via reformista. Mas isso requereria tanto modificar a estrutura econômica e social do país quanto romper com a sua dependência externa, ademais do próprio enfrentamento dos privilégios, o que foi objeto de insatisfações à direita e à esquerda.

Dever de consciência que não se perde. Nesse esforço extraordinário que realizamos ao lado do sofrimento por que também passa o povo brasileiro, que jamais atingirá seus objetivos sem que se realizem no Brasil as Reformas de Base reclamadas por todos. Estejam tranquilos que dentro em breve este decreto será uma realidade, e realidade há de ser também a rigorosa e implacável fiscalização para que seja cumprido o decreto do aluguel, para que seja cumprido o decreto referente.[6]

Ao pretender atenuar as desigualdades no país, as Reformas de Base pressupunham reformular as instituições políticas, jurídicas e econômicas do Brasil, mantidos os marcos do liberalismo político e econômico. A oposição majoritária do parlamento constituído por representantes do agrarismo recusou o projeto de reformas, bem como a regulamentação da Lei de Remessa de Lucros, que controlaria e limitaria o envio anual de lucros de empresas estrangeiras para o exterior.

Diante disso e na tentativa de constituir nova maioria a partir da arregimentação de forças populares e movimentação de rua para a implantação das reformas, a reação autoritária e conservadora se apresentou. Na forma de uma ditadura civil e militar, o Brasil percorreu

---

[6] Goulart, 1964, p. 34.

21 anos de continuidade do projeto de modernidade capitalista, cuja trajetória marcante foi o aprofundamento das desigualdades sociais e regionais, base do conservadorismo político nacional.

Constata-se, com isso, que as desigualdades sociais regionais são expressões problemáticas da sociedade nacional em assimilar determinados padrões de consumo para a minoria privilegiada, enquanto raiz do próprio subdesenvolvimento e da concentração de renda, riqueza e poder, incapaz de ter sido rompida pela modernização conservadora.

Por conta disso, o tema da federação encontrava importante reflexão. Autores como Oliveira Viana, por exemplo, defendiam o Estado centralizado e autoritário para enfrentar as forças oligárquicas regionais.

No país, conformado a partir do patriarcalismo e da hierarquia da autoridade agrária, o sistema político liberal teria dificuldades de funcionar efetivamente. O desafio da necessária regulamentação capitalista decorreria da estrutura produtiva originária da grande propriedade.

Por isso, além de Oliveira Viana, outros pensadores, a exemplo de Alberto Torres, identificavam como a extensão das massas inorgânicas ao capitalismo nascente precisaria de urgente intervenção pública. Para tanto, a monopolização do mercado de trabalho pelas legislações sociais e trabalhistas sob o controle do Estado possibilitaria o deslocamento das massas empobrecidas do campo para as cidades, esvaziando o controle político e econômico do latifúndio.

Em síntese, a modernização capitalista que foi uma das mais dinâmicas do mundo entre as décadas de 1930 e 1970 terminou se efetivando em predominantes bases autoritárias. Sem cultura democrática consolidada, o reformismo foi continuamente postergado, prevalecendo o conservadorismo na modernização do capitalismo no Brasil.

3
O Brasil na desmodernização neoliberal

O Brasil atravessa uma fase crítica: a pior crise econômica e social desde os anos 1930 coexiste com uma profunda crise institucional. As estruturas do Estado estão carcomidas pela privatização do interesse público, a política econômica está imobilizada, o governo carece de largueza de visão para enfrentar o estado de desagregação crescente. O mais grave, porém, é a crise política – o divórcio profundo entre a sociedade e o Estado, a ausência de confiança e de representatividade. A dívida externa sufoca. Obriga o governo a curvar-se ante os grandes interesses bancários. Campeia a corrupção, a imprevidência, a desesperança.

Esperança e mudança: uma proposta
de governo para o Brasil

Algo profundamente inesperado passou a acontecer no Brasil desde o último quinto do século XX: a desmodernização. Por decisão de sua elite dirigente a "implodir pontes" que asseguravam a continuidade do acesso ao futuro nacional, o amanhã se tornou cada vez mais uma espécie de volta renovada ao já conhecido passado arcaico.

O retorno ao modelo primário-exportador, associado à transformação do Brasil numa plataforma de financeirização do estoque de riqueza, abriu caminho para o desmonte da ainda incompleta sociedade industrial. O declínio econômico, com o país deixando de representar 3,2% do PIB mundial em 1980 para responder por somente 1,6% em 2021, coincide com o abandono do projeto de industrialização nacional, que levou à estagnação da renda *per capita* nacional.

Da mesma forma, incríveis operações de "queima de caravelas" também passaram a acontecer no âmbito das ciências e tecnologias. Também a educação não conseguiu se diferenciar do mesmo percurso, com a continuidade do elevadíssimo analfabetismo funcional e digital.

Sob a batuta de loroteiros que frequentam a administração pública federal, os aprendizes de feiticeiros se especializaram em produzir, governo após governo, cenários anabolizados de uma realidade inexistente. Contribuem, assim, para consolidar o que Machado de Assis definia dos dois Brasis, com o oficial cada vez mais distante do realmente existente.

Tudo isso apenas parece colocar luz sobre a parte visível do *iceberg* que se movimenta a partir da década de 1980, em que a escuridão de sua profundeza tem ofuscado a percepção a respeito da incrível avalanche da dissolução nacional imposta pela desmodernização. No Brasil, a modernização jamais foi um processo simples e retilineamente uniforme – a começar pela criação da América portuguesa, que, há mais de meio milênio, transcorreu ancorada no seio do sistema colonial mercantil escravista, incrustado no projeto de modernização ocidental. Sob a liderança europeia, a modernidade era identificada por estar assentada em dois pilares fundamentais: o progresso tecnológico na elevação da base econômica material e a liberdade protagonizada pela busca da emancipação sociopolítica.

Nos seus três primeiros séculos, o colonialismo lusitano foi suficiente para dizimar as diversas culturas ameríndias através de um amplo genocídio daqueles que até então povoavam a América portuguesa há milhares de anos. Nos 200 anos seguintes à conquista e à superação do modo de vida dos povos originários, a passagem para o capitalismo interrompeu a escravidão.

Mas isso ocorreu sem revolução burguesa clássica, permitindo que o racismo se tornasse estrutural e que o patriarcalismo e o patrimonialismo se reproduzissem no tempo. Simultaneamente, a modernidade esperada pelas novidades tecnológicas serviu para que a base econômica material constituída permanecesse sendo definida a partir do exterior.

Na conturbada década de 1920 (Revolta de 1922, Revolução de 1924, Coluna Prestes-Costa e Depressão Econômica de 1929), por exemplo, o questionamento acerca do atraso existente veio à tona no país profundamente arcaico. De imensa população iletrada, a esfomeada massa sobrante do capitalismo nascente residia no campo, paradoxalmente, ao lado de uma das maiores plantações de alimentos para a exportação mundial.

Pela Revolução de 1930, o propósito da modernização nacional foi recolocado em pé, tendo o desenvolvimento industrial como o eixo da trajetória da formação nacional. Da nova maioria política antiliberal, a modernidade urbana e industrial ascendeu das disputas originais entre o integralismo e o comunismo, porém fraquejou diante da oposição da oligarquia agrarista à realização das reformas clássicas do capitalismo contemporâneo. O conservadorismo venceu novamente.

Mas, em vez de consumidor, o país passou a ser produtor de bens industriais, conduzido por uma estratégia nacional assentada no planejamento governamental. O sucesso da absorção tecnológica da Primeira e da Segunda Revolução Industrial logo transpareceu, moldado pela inegável amplitude do progresso econômico material.

Ao mesmo tempo que o país engrandeceu, a resistência das forças do atraso impossibilitou o avanço pleno da modernização em termos de liberdade e emancipação popular. Assim, as reformas civilizatórias do capitalismo contemporâneo foram sendo postergadas, o que

98 | O BRASIL NA DESMODERNIZAÇÃO NEOLIBERAL

estimulou a formulação crítica à modernização conservadora na periferia do capitalismo mundial.

Com a democracia tolhida, o autoritarismo tratou de oferecer uma modernidade incompleta. A reação popular aos 21 anos de ditadura civil e militar consagrou a esperança de inéditas mudanças, não fossem a derrota da emenda constitucional das eleições diretas em 1984 e a transição de regime realizada sem participação popular que terminou por inaugurar o ciclo político da Nova República.

Não bastasse isso, as forças do atraso se impuseram novamente quando a experiência governamental do início do século XXI parecia sustentar a difusão democrática com a expansão econômica e a inclusão social. Sem progresso material sustentável, a ordem interna se desintegrou, embalada pela gestão da enorme e crescente massa populacional sobrante aos requisitos do capitalismo do modelo econômico primário-exportador.

O resultado disso se traduz pelo nome da desmodernização que marca o país desde o final do século XX. No seu rastro destrutivo e desagregador, aparecem sinais de esperança na busca do elo perdido da modernização ocidental, sem perceber que o centro dinâmico do mundo se deslocou para o Oriente, cuja percepção de modernidade é distinta dos valores europeus.

Na abordagem de períodos históricos de longa duração no Brasil, é ressaltado, em geral, o auge de determinadas atividades produtivas mais bem conectadas com o exterior. Durante o agrarismo, por exemplo, os destaques foram as expansões regionais das economias açucareira (século XVII), mineira (século XVIII) e cafeeira (século XIX), enquanto, na sociedade urbana, a industrialização (século XX) foi a peça fundamental definida internamente.

Autores incontornáveis, como Caio Prado Júnior e Celso Furtado, também chamaram atenção para outro acontecimento não menos importante nas análises de longa duração: as fases depressivas que

O BRASIL NO CAPITALISMO DO SÉCULO XXI | 99

intercorriam durante o auge das atividades econômicas, demarcadas pela regressão produtiva e pela expansão das áreas de subsistência, especialmente durante a sociedade agrária.

A partir dessa perspectiva, o período iniciado no ano 1990 marca o ingresso passivo e subordinado do Brasil na globalização, acompanhado pela trajetória da desindustrialização nacional. Se combinado esse período com os anos 1980, a denominada "década perdida", o país acumularia mais de quatro décadas de estagnação na renda *per capita* nacional.

No caso do esgotamento da economia mineira vigente no século XVIII e da ascensão da cafeeira no século XIX, decorreu, por exemplo, o intervalo de tempo caracterizado pela estagnação da renda *per capita* e pelo avanço da subsistência populacional. Não por acaso, conforme aponta o ditado popular "em casa que falta pão, ninguém tem razão", essa fase econômica depressiva foi acompanhada por intensa turbulência nacional, como a Inconfidência Mineira (1789--1792) e a Conjuração Baiana (1798-1799) no final do século XVIII, bem como as guerras da Independência e as várias revoltas provinciais até a primeira metade do século XIX.

Mais grave ainda que a identificação da trajetória atual de estagnação da renda *per capita* no Brasil é o quadro depressivo a que o conjunto das atividades econômicas se encontra submetido, em três grandes recessões econômicas (1981-1983; 1990-1992; 2015--2022). Para além do decrescimento econômico sem paralelo no capitalismo brasileiro, ganha destaque também o movimento do desinvestimento que acompanha a própria desarticulação do sistema produtivo nacional.

Exemplo disso pode ser observado no setor automobilístico, outrora referência do protagonismo da sociedade industrial. Durante a década de 2010, a capacidade instalada da produção automobilística no Brasil regrediu 9%, o que significou a redução em 58% da montagem

100 | O BRASIL NA DESMODERNIZAÇÃO NEOLIBERAL

de autoveículos, com uma perda de 26% no número de firmas fabricantes, de 21,4% na quantidade das empresas de autopeças e de 6% no total dos estabelecimentos de concessionárias. Atualmente, o Brasil, com a sexta maior frota de veículos do mundo, detém a idade média de 10,2 anos, o que corresponde à mais velha frota de automóveis dos últimos 25 anos. É interessante recordar que, no início dos anos 1990, o ex-presidente Fernando Collor de Mello comparava o carro produzido no Brasil a uma carroça.

O buraco sem fim no qual o Brasil atualmente se encontra não tem paralelo histórico. Os efeitos de uma depressão econômica tendem a se refletir no futuro, se não houver o rompimento estrutural com a fase atual de "histerese" que marca o Brasil. Para tanto, é necessária a conformação de uma nova maioria política, que possa romper com a ausência prolongada de estímulos suficientes para alterar os principais motivos pelos quais prossegue o quadro atual da deformação da sociedade e da economia nacional.

Diante disso, o presente capítulo busca abordar a fase da desmodernização do capitalismo neoliberal, que fez desaparecer a visão de futuro do país. A aversão neoliberal ao planejamento levou à centralidade governamental a gestão das emergências geradas pela desmodernização, cuja atuação partidária tem sido mais pragmática do que programática, mais eleitoral do que política.

Inicialmente, o breve apanhado dos aspectos mais importantes do contexto internacional visa caracterizar as grandes transformações do sistema capitalista, em especial no que diz respeito ao seu centro dinâmico desde o último quarto do século XX. Em seguida, abordam--se as suas principais consequências na periferia do sistema capitalista, sobretudo no caso brasileiro, mediado pelas decisões internas e pelas opções decorrentes da correlação das forças políticas organizadas.

3.1 O esgotamento da Ordem Mundial e o novo recentramento do mundo

Desde a virada para o século XXI, a gradativa integração das economias no mundo as tornou cada vez mais homogêneas, porém assentadas em crescentes desigualdades sociais e econômicas. O esgotamento da regulação capitalista estabelecida ao final da Segunda Guerra Mundial (1939-1945) e a liberalização estabelecida a partir dos anos 1970 promoveram a difusão do subdesenvolvimento em novas bases, inclusive em países que até então eram considerados desenvolvidos, como no Norte Global.

O reaparecimento e a ampliação dos sinais de pobreza, desemprego, violência e desigualdade comparáveis aos das regiões periféricas do mundo revelam não apenas a decadência dos antigos países desenvolvidos, mas também, e sobretudo, o deslocamento do centro do mundo do Ocidente para o Oriente. Trata-se do inverso do verificado durante os chamados "trinta anos gloriosos" do capitalismo no pós-Segunda Guerra Mundial.

Enquanto o PIB dos EUA, por exemplo, foi multiplicado por cinco vezes entre 1960 e 2021, o PIB do conjunto dos demais países cresceu oito vezes. Se comparado ao da China, o PIB dos EUA, que era 22 vezes maior em 1960, foi somente 1,3 vez superior no ano 2021.

O primeiro quartel do século XXI revela importantes alterações na trajetória da globalização capitalista. A própria unipolaridade imposta pelos EUA ao término da Guerra Fria, a partir de 1991, inicialmente publicizada como equivalente ao fim da história, terminou perdendo sentido pela evolução da realidade.

Em mais de três décadas depois, o mundo tem enfrentado gigantescas vulnerabilidades. O sistema produtivo assentado nas cadeias globais de valor, conduzido por grandes corporações transnacionais, apresenta crescentes fragilidades que colocam significativos desgastes à situação de interdependência econômica e financeira dos países.

Diante dos sinais da decadência dos EUA, ainda na década de 1970, com a perda de conversibilidade do dólar, a derrota militar no Vietnã e o comprometimento do domínio do petróleo, a opção pelo receituário neoliberal se mostrou exitosa na eliminação dos países concorrentes. O Japão e a Alemanha perderam protagonismo, enquanto o fim da Guerra Fria resultou do desmonte da URSS.

Com isso, a Ordem Neoliberal passou a se consolidar, liberando a segunda onda da globalização em meio ao avanço do capitalismo informacional. Desde 2001, contudo, com a crise das empresas "ponto com" e o ataque às Torres Gêmeas, os EUA frearam o ritmo expansionista da globalização.

Com a crise financeira de 2008, a desregulação neoliberal passou a ser questionada, havendo o imediato retorno do chamado ao Estado para interceder socializando os prejuízos, sobretudo o das grandes corporações transnacionais, sob o risco de irem à bancarrota. O travamento da globalização foi perseguido pelo declínio da expansão do comércio externo e pela aceleração das aquisições e fusões no interior do setor privado. Ao mesmo tempo, as empresas estatais passaram a assumir maior presença entre as 500 maiores empresas do mundo, após longo predomínio de empresas privadas.

Na pandemia de covid-19, em 2020, as cadeias globais de valor foram fortemente atingidas, interrompendo o ciclo produtivo em diversas partes do mundo. Diante da crescente vulnerabilidade imposta pela enorme interdependência entre economia e finanças, os governos de distintos países pisaram no acelerador dos investimentos internos, protegendo e recuperando os seus próprios sistemas produtivos e o emprego e a renda nacionais.

3.1.1 O declínio relativo dos Estados Unidos e a desfiguração do sistema interestatal do pós-Segunda Guerra Mundial

O papel dos EUA como superpotência há quase um século vem sendo continuamente abalado pelo avanço chinês nas áreas de inovação, inteligência artificial e robótica, bem como nas corridas espacial e de armamento cibernético. A própria situação da pandemia de covid-19 também terminou sendo componente de intensificação da concorrência entre as nações.

Em virtude disso, a iniciativa chinesa da Nova Rota da Seda aponta para um grande cinturão político de natureza econômica, comercial, financeira e de infraestrutura em mais de 150 países no mundo, atualmente. Diante de sucessivas derrotas acumuladas pelos EUA desde a crise financeira de 2008, a perspectiva da liderança chinesa se torna cada vez mais concreta.

No ano 2019, por exemplo, a distribuição da riqueza contabilizada pelo banco Credit Suisse seguia fortemente concentrada, sendo ainda os EUA responsáveis por quase 30% do total. Mas, de forma rápida e crescente, a China já se colocava na segunda posição, enquanto os EUA revelavam perda de participação relativa na riqueza mundial.

Talvez seja por isso que, três décadas após o término da primeira Guerra Fria (1947-1991), a teoria da contenção de nações, originalmente proposta por George F. Kennan (em *A Rússia e o Ocidente*, 1969), passou a ser revisitada. No passado, a Guerra Fria teria sido adotada pelos EUA como forma de combater o expansionismo dos ideais e da presença física da URSS no mundo.

Logo em 1946, por exemplo, o termo "Cortina de Ferro" passou a ser adotado como uma espécie de cordão sanitário a separar os países controlados pelos EUA daqueles sob influência da URSS. Um ano depois, a Doutrina Truman, conduzida pelo presidente estadunidense Harry Truman (1945-1954), definiu um conjunto de políticas externas

104 | O BRASIL NA DESMODERNIZAÇÃO NEOLIBERAL

voltadas à interferência militar direta sobre o avanço do comunismo, bem como ao oferecimento de ajuda aos países economicamente frágeis.

Para isso, os EUA abandonaram a posição inicialmente definida na Conferência de Ialta (1945) com Josef Stalin (URSS) e Winston Churchill (Inglaterra) na repartição do mundo em países satélites a partir do pós-guerra, sendo a Alemanha e o Japão reduzidos a meras economias agrárias. Assim, o Plano Marshall (1948-1951) se constituiu na ajuda financeira de reconstrução dos países da Europa Ocidental enquanto garantia da presença capitalista em contraponto ao avanço soviético.

Da mesma forma, já no âmbito da polaridade da Guerra Fria, foi criada em 1949 a Organização do Tratado do Atlântico Norte (Otan), composta por 30 países e voltada à ajuda política e militar. Atualmente, os países da Otan representam 9% da população global e respondem por cerca da metade do gasto militar do mundo.

Por fim, houve a internalização do contexto da Guerra Fria nos países, conforme a política do macarthismo, adotada entre 1950 e 1957 como patrulha anticomunista. Com isso, prevaleceu a atuação do Estado provedor de repressão à possível ameaça soviética através de intensa propaganda do medo e de espionagem a indivíduos e instituições.

Nos dias de hoje, a teoria da contenção de Kennan poderia ser a última cartada dos EUA para tentar evitar o desfecho da crescente presença chinesa no mundo. Mas, por ser muito diferente do socialismo de Estado experimentado pela URSS, o socialismo de mercado chinês não se propõe, pelo menos até agora, a ser um polo oposto ao capitalismo.

Ao seguir as regras dos mercados, a China tem avançado cada vez mais por sua capacidade de competir e superar concorrentes nas mais diversas áreas da economia capitalista. Tanto é assim que vários países, inclusive os EUA, adotam medidas antimercado para defender suas empresas e seus negócios diante da competitividade superior da China, como no caso notório da tecnologia 5G da Huawei.

De forma mais contundente, o conjunto de respostas dos EUA, em articulação com os países da Otan, adotado em face do conflito Rússia-Ucrânia, parece se assemelhar ao embrião de uma possível segunda Guerra Fria. Com as sanções econômicas de exclusão do sistema de pagamentos global Swift, o congelamento de reservas e bens de cidadãos, o bloqueio do comércio externo e o abandono de empresas privadas e públicas ocidentais, a Rússia se junta a um grupo de 18 países, como Cuba, Irã, Venezuela, Coreia do Norte e outros.

Sem alternativa à punição conduzida pelos EUA, que não seja a aproximação direta e efetiva com a China, o mundo passa a observar um novo redesenho geopolítico, cujos efeitos ainda não são muito bem conhecidos. No curso de uma segunda Guerra Fria, o tema do desenvolvimento, que ficou esquecido desde os anos 1990, com o fim da primeira Guerra Fria e o predomínio do neoliberalismo, talvez possa voltar à agenda dos governos, diante do novo mundo multipolar.

Ao mesmo tempo, a virada do centro dinâmico mundial do Ocidente para o Oriente representa algo inédito até o momento. Isso porque, nos últimos cinco séculos, o projeto de modernidade ocidental, iniciado pelo Renascimento e reforçado pelo Iluminismo, propagou-se por 300 anos através do colonialismo e por dois séculos através do capitalismo.

Antes disso, pelo menos até 1453, quando a Queda de Constantinopla interrompeu as antigas rotas da seda, o que havia de mais avançado no mundo se situava nos impérios Hindu e do Meio (chinês). O comércio entre a primitiva Europa e a avançada Ásia durante a antiga Era Agrária consistia na principal forma pela qual o mundo se organizava.

Mas, a partir do século XVI, a centralidade mundial ocidental passou a ser constituída de forma inédita. Sob o colonialismo, a dominação europeia se fazia diretamente, pela presença física do Estado metropolitano no território colonial em várias partes do planeta. O contrário, entretanto, foi sendo exercido pela força do capitalismo. Através da internacionalização do capital, expressa pela formação de grandes empresas, como as corporações transnacionais e as indústrias financeira e cultural, a dominação transcorreu de formas cada vez mais sofisticadas.

Com a Revolução Russa, em 1917, emergiu a primeira fenda no projeto de modernidade ocidental, que conviveu com o desastre de duas guerras mundiais (1914-1918 e 1939-1945). Na sequência, a Guerra Fria, entre 1947 e 1991, assumiu a centralidade Ocidental do estancamento possível ao expansionismo soviético.

Dois mundos completamente distintos se conformaram. De um lado, a defesa da sociedade igualitária com forte ênfase social pelo bloco comunista, liderado pela URSS. De outro, o bloco capitalista, liderado pelos EUA. Um capitalismo organizado e reformado para incluir as demandas do conjunto da sociedade, especialmente do pleno emprego e da elevação do padrão de vida fundamentado no Estado de bem-estar social.

Por 30 anos, o pós-Segunda Guerra Mundial conviveu com dois mundos em relativa bonança, mas nem tanto, pois cada um dos dois blocos de países se encontrava diante de problemas internos graves a administrar, além dos conflitos externos no chamado Terceiro Mundo.

Em 1991, tal como em 1945, quando a derrota do nazifascismo foi celebrada com a visão de grandes expectativas, o término da Guerra Fria também foi saudado como o Fim da História e o renascimento do projeto de modernidade ocidental. O esperado era a repetição de um novo ciclo de 30 anos gloriosos de expansão capitalista sem limites de prosperidade.

Após 18 anos de globalização irrestrita, a desregulação produtiva e financeira e a flexibilização do trabalho fragilizaram demasiadamente o sistema interestatal posto em marcha desde o final da Segunda Guerra Mundial. Antes disso, o colonialismo, dominado pelo imperialismo inglês, fomentou a primeira globalização entre 1870 e 1914, cujos termos de trocas eram profundamente desfavoráveis às regiões periféricas.

Desde a virada para o século XXI, o curso da segunda globalização concedeu centralidade ao poder privado da grande corporação transnacional, enfraquecendo a governança da ONU, fortemente influenciada pela dominância ocidental. Diante disso, o Brics emergiu como reação à ausência de transbordamento do enriquecimento que cada vez mais se concentrava nos gigantes corporativos do Norte Global.

Desde 2009, o conjunto de países constitutivos do Brics tem atuado em três elementos estruturais no âmbito do contexto mundial. Por excessos de neoliberalismo, o projeto de modernidade ocidental está exposto à grande regressão histórica, com o colapso da Velha Ordem Mundial. A Inglaterra se separou da União Europeia (UE), que se desintegra em face de conflitos e guerras, enquanto os EUA buscam enfrentar a polarização interna com um crescente protecionismo.

A incapacidade de os gigantes corporativos do Norte Global oferecerem perspectivas melhores de futuro confere nova função a ser construída pelo Brics. O paradigma do desenvolvimento multipolar em sinergia compartilhada pela Iniciativa Cinturão e Rota permite, nos dias de hoje, reposicionar o mundo em situação superior em comparação ao papel do Plano Marshall de reconstrução da Nova Ordem Mundial do pós-Segunda Guerra Mundial.

Nesse sentido, recria mobilidade econômica, política, cultural e social de civilizações até então esquecidas. Com enorme conjunto de investimentos, a infraestrutura de transportes interconecta e moderniza tudo o que se integra à Ásia, podendo indicar certo adeus ao efêmero momento unipolar desde o fim da Guerra Fria, dominado pelos EUA, que descompensou o sistema interestatal existente.

Outro elemento estrutural importante decorre do avanço para o Antropoceno. O novo regime climático que se consolida tem sido gerado pelo impacto acelerado da acumulação de gases de efeito estufa sobre o clima e a biodiversidade.

Os danos climáticos parecem irreversíveis, pois ocasionados pelo modelo de produção e consumo excessivo de recursos naturais. Parecem indicar, assim, a ultrapassagem do ponto de não retorno, com a elevação média da temperatura e suas consequências desfavoráveis para a humanidade.

Diante disso, a estratégia do Desenvolvimento Sustentável, perseguida desde os anos 1980, não se mostrou suficiente para superar a fé ingênua no progresso, especialmente em sua ideologia consumista, propagada pelos poderosos *lobbies* econômicos. A grande aceleração na mudança climática, expressa pela perda de cobertura vegetal, pela diminuição da biodiversidade e pelas extinções generalizadas, decorre do caráter não generalizável e insustentável do sistema econômico ocidental.

Por fim, a notável passagem para a Era Digital. A marcha da revolução informacional produz intensas e substanciais transformações nas sociedades, que rompem com a trajetória pregressa, emergindo em substituição à Era Industrial.

Quando se considera que a Era Industrial substituiu a antiga Era Agrária, percebe-se o avanço do terceiro ciclo de renovações de ideias, ações e pensamentos que marcaram a história da humanidade.

Por isso, não se trata de mais uma entre as várias evoluções que as transformações sobre as técnicas produziram.

Cabe mencionar as novas formas de produção e transformação do espaço geográfico, das paisagens, dos lugares e do território. Tudo isso sob a marca da interligação, do compartilhamento de informações e impressões e da difusão de novas formas de culturas e saberes.

O inédito processo de interdependência resulta da nova condição de que as pessoas passaram a contribuir e a produzir novas ideias e ações, para além de serem meras receptoras de dados e informações. Em função disso, as instituições constituídas a partir da Era Industrial se encontram em menor credibilidade, e ocorre a busca de sua própria reconfiguração diante do novo cenário político, econômico, social e cultural.

3.1.2 Financeirização e capitalismo oligarca

Por quase três décadas (1944-1973), o dólar se transformou em moeda forte do setor financeiro mundial e referência para as demais moedas, especialmente do Ocidente. Assim, cada moeda nacional estaria vinculada ao ouro a US$ 35,00, possibilitando que qualquer portador dessa moeda pudesse, em qualquer parte do mundo, trocá-la por seu equivalente em ouro.

Para que isso se viabilizasse, instituições financeiras associadas ao sistema da ONU, como o Banco Mundial e o FMI, foram criadas enquanto garantidoras do sistema financeiro global. A expansão econômica reconhecida nos "trinta anos gloriosos do capitalismo" foi expressão da contida especulação financeira em amplo ritmo de produção, geração de empregos e inclusão social.

A partir de 1973, com o fim da conversibilidade do dólar ao ouro, a moeda dos EUA assumiu a sua face fiduciária, como as demais moedas nacionais. Uma espécie de Bretton Woods II se constituiu em

110 | O BRASIL NA DESMODERNIZAÇÃO NEOLIBERAL

torno da prevalência do dólar, mantido o seu papel de ativo financeiro de reserva global.

Por conta disso, as últimas cinco décadas foram marcadas por intensa volatilidade nas taxas de câmbio, juros e ativos financeiros. Sem garantia na produção de mercadorias e sem lastro em dólar, a sustentação dessa moeda somente se tornou possível num mundo em crescente processo de financeirização.

Dessa forma, a indústria de produção foi sendo substituída pela financeira associada à indústria dos derivativos, dos fundos de *hedge* e das ações de securitização. Na toada da desregulamentação neoliberal, a globalização econômica se fundamentou na lógica do crédito global voltado fundamentalmente para atividades financeiras.

O resultado da longa fase do dólar fiduciário foi o decrescimento do ritmo de expansão econômica, a prevalência de largo desemprego e a precarização dos postos de trabalho, com pobreza e desigualdade em alta. Ou seja, foi formada uma classe planetária de oligarcas, muito ricos pela monopolização da economia mundial permitida por cadeias globais de valor a secundarizar a política no interior das nações às forças de mercado.

As insistentes medidas governamentais para manter o dólar como moeda fiduciária de referência no mundo parecem se esgotar. Exemplo disso vem do fim das taxas de juros negativas nos EUA, no Japão e na UE, após o esgotamento das operações de criação de quantidades significativas de dinheiro artificial (*quantitative easing*) desde a grave crise financeira de 2008 para postergar a catástrofe capitalista.

Países como a Rússia e a China, entre outros, não se entregaram às modalidades da conjuração do dinheiro fácil permitido pelo *quantitative easing* (servidão quantitativa da financeirização). Por isso, detêm, atualmente, os balanços limpos dos seus respectivos bancos centrais, ao contrário do que se verifica nos EUA, no Japão e na UE.

Em vez do direcionamento do dinheiro disponibilizado para oxigenar a economia, prevaleceu a lógica do rentismo a direcionar à compra das próprias ações, com altos dividendos revertidos aos acionistas. Os novos oligarcas do dinheiro revelam suas opções pela elevada proximidade aos bancos centrais, que, na condição de independentes, forçam governos a se aliarem aos seus homólogos privados e se reproduzem através dos empregos rotativos de seus funcionários (banco privado – banco central – banco privado – banco central).

Nesse cenário, o curso atual que decorre do aumento da inflação tem sido acompanhado pela maior taxa de juros a desacelerar as economias ocidentais e a favorecer a transferência de renda e riqueza para a classe planetária dos oligarcas, sobretudo no Ocidente. Se combinados ainda com as sanções adotadas à Rússia, percebe-se o potencial risco devastador para o sistema financeiro ocidental.

Até agora, ao que parece, a Rússia se inspirou nos EUA de 1973, quando acertaram com países do Oriente Médio a aceitação de sua moeda, sem mais garantia e conversibilidade ao ouro, como pagamento do petróleo para os membros da Organização Mundial do Petróleo (Opep). Enquanto maior país exportador de energia do mundo, a Rússia busca estabelecer a sua moeda (rublo) como referência de meio de pagamento internacional, e a China estabeleceu com a Arábia Saudita o pagamento do petróleo importado através do renminbi.

Ao mesmo tempo, os dois países referidos, entre outros, experimentam novas modalidades monetárias com lastro em produção de mercadorias (*commodities*), em alternativa ao Bretton Woods II. Por meio século, o dólar fiduciário governou o mundo através da financeirização econômica paralelamente ao domínio político dos oligarcas enriquecidos pela imposição do receituário neoliberal.

112 | O BRASIL NA DESMODERNIZAÇÃO NEOLIBERAL

O Bretton Woods III pode ser a alteração substancial da economia global fundada em moeda fiduciária que sustenta o dólar pela financeirização para o novo sistema financeiro assentado em moedas lastreadas em *commodities*. Nesse sentido, pode ocorrer a substituição da garantia financeira (fictícia) pelo seguro da real produção de mercadorias proveniente do processo de comoditização monetária.

É nesse contexto de questionamento do trunfo da hegemonia neoliberal que se constata a configuração do capitalismo típico de oligarcas – ou seja, a dominância das estruturas de mercado por oligopólios privados, quando não monopólios, e a conformação de um sistema político com o poder do dinheiro concentrado em um pequeno grupo pertencente a poucos grupos econômicos (plutocracia). Isso fica evidente a partir da década de 1990, quando a receita neoliberal foi implantada a um só golpe na antiga URSS. O imediato resultado foi a constituição da superclasse dos oligarcas, que se fortaleceu através da destruição da sociedade industrial.

Com a queda do PIB em 54% ocasionada pela desindustrialização, o desemprego se generalizou, o consumo alimentar se reduziu à metade, e 1/3 da população passou a viver abaixo da linha de pobreza. Sob o comando de Boris Yeltsin (1991-1999) e aconselhada por Jeffrey Sachs, a terapia de choque (privatização massiva, corte radical dos gastos sociais, liberação geral dos preços, desregulação dos mercados internos e internacionais) foi implementada à imagem dos *Chicago Boys* originais no Chile do ditador Augusto Pinochet (1973-1990). Da força econômica dos oligarcas obtida pelas jogatinas das privatizações, emergiu o poder político a controlar a mídia comercial e a dominar partidos na arena eleitoral.

Nesse sentido, a palavra "oligarquia" permitiu explicitar melhor o governo de elites, não sendo, portanto, fenômeno exclusivamente russo. Os oligarcas têm segurança de sua riqueza, contam com uma rede protetiva de escritórios de advogados e gestores de patrimônio a representarem-nos. Além, é claro, de terem o próprio sistema político e midiático a seu favor.

O regime dos oligarcas é próprio do capitalismo de compadrio, cuja prosperidade dos negócios não resulta da livre competição nos mercados, mas do retorno do dinheiro acumulado pelo entrelaçamento dos interesses de empresários com políticos, a resultar de manipulações orçamentárias e das políticas governamentais de natureza clientelista.

A liberalização e a desregulamentação se mostram fundamentais para que a superclasse dos oligarcas se constitua e se prolifere através do favorecimento de licenças, incentivos e subsídios governamentais. Assim, o empreendedorismo e as práticas competitivas inovadoras submetidas ao risco são substituídos pelo capitalismo de compadrio, que se difunde no governo e nos sistemas político e midiático, distorcendo ideais econômicos e políticos da sociedade e do Estado.

É nessas circunstâncias que as instituições nacionais vão sendo contaminadas pelo espírito extrativista. Desse modo, as tradicionais instituições vinculadas aos poderes Judiciário, Executivo e Legislativo terminam se desviando do seu princípio público para servirem ao poder concentrado na esfera da pequena elite dos oligarcas.

O espírito extrativista que se impregna nas instituições submetidas às reformas neoliberais se fundamenta no objetivo de extrair o máximo de renda possível da população, em benefício dos próprios controladores institucionais. Trata-se do uso de atribuições que se desviam do interesse público geral para atender à especificidade de clientelas – os oligarcas, que vivem de dividendos obtidos inadequadamente da extração econômica da renda da população, sobretudo da parcela mais pobre.

114 | O BRASIL NA DESMODERNIZAÇÃO NEOLIBERAL

3.2 O movimento geral da desmodernização capitalista no Brasil

A declaração do presidente Fernando Henrique Cardoso na época do seu governo de que "[o] Brasil não é mais um país subdesenvolvido, mas sim injusto" assumiu, desde os anos 1990, a centralidade à direita e à esquerda no espectro político neoliberal. Na sequência, a problemática do subdesenvolvimento e da dependência externa, que era primordial na agenda de grande parte dos governos desde a Revolução de 1930, foi substituída pela nova temática da desigualdade. Assim, os obstáculos ao desenvolvimento impostos pela condição periférica do Brasil no mundo passaram a aparecer como superados. Restariam, fundamentalmente, as crises de natureza cíclica do capitalismo, passíveis de serem administradas pelos governos através das políticas macroeconômicas vulgares (fiscal, monetária e cambial).

Estaria aberto, finalmente, o caminho da modernidade para "um novo Brasil", tendo o ataque à desigualdade assumido centralidade governamental. Uma ilusão que coube somente ao passar do tempo desfazer. Nas palavras de Chico Buarque: "E, quando amanhece, não é o dia que nasce no horizonte, é a noite que se recolhe no fundo do vale".[1]

Na teoria do subdesenvolvimento de Celso Furtado,[2] por exemplo, o registro do desemprego, da pobreza e da concentração de renda, riqueza e poder resulta da própria incompletude do desenvolvimento. A dependência externa, especialmente tecnológica e financeira, que acompanha o subdesenvolvimento, define a posição nacional no interior da DIT.

Quanto mais essenciais para o país a produção e a exportação de *commodities*, caracterizadas pelo menor valor agregado em

---

[1] F. Holanda, 1991, p. 32.
[2] Furtado, 1978.

comparação aos bens manufaturados, mais contida a capacidade de gerar postos de trabalho de maior qualificação e remuneração.

Nessa situação, o ganho das exportações assentadas no latifúndio converge para a afluência dos ricos sobre as decisões do aparelho do Estado, cuja consequência seria a prevalência do abismo social, econômico e político.

Para o ano 2021, por exemplo, o rendimento médio dos brasileiros 50% mais pobres foi 29 vezes inferior ao rendimento médio dos 10% mais ricos de toda a população, enquanto, na França, a mesma relação era de apenas 7 vezes. Isso que no Brasil o rendimento da população registrado pelas pesquisas oficiais captura fundamentalmente a renda do trabalho e de benefícios sociais, com rara obtenção de informações referentes à renda dos proprietários (lucros, juros, renda da terra, aluguéis e outros).

Com isso, o indicador de desigualdade medido através do rendimento tende a ser muito subestimado no Brasil. Assim, cabe destacar que, por refletirem o grau de atraso nacional, o subdesenvolvimento e a dependência externa produzem, em consequência, a desigualdade em difusão por múltiplas dimensões.

Além disso, as armadilhas da dependência externa impostas pela condição periférica no interior do sistema capitalista mundial terminam por reproduzir o subdesenvolvimento – situação muito distante de ser apenas uma etapa antecipatória da passagem natural ao desenvolvimento.

No projeto nacional-desenvolvimentista que edificou a sociedade urbana e industrial entre as décadas de 1930 e 1980, o mercado interno e o emprego assalariado protegidos se fortaleceram com a internalização do sistema avançado de produção manufatureira. Pela assimilação do progresso tecnológico, intrínseco ao dinamismo do capitalismo avançado, a presença de grupos integrados às economias dominantes contribuiu para que o crescimento econômico

116 | O BRASIL NA DESMODERNIZAÇÃO NEOLIBERAL

potencializasse a modernização brasileira, sem romper, contudo, com a dependência externa.

A partir dos anos 1990, o Brasil abandonou a trajetória da industrialização, o que significou a estagnação da renda *per capita*, acompanhada por inédito processo de desmodernização nacional. Diante do modo como se inseriu na globalização, o aprofundamento da dependência externa refletiu a especialização produtiva, responsável pelo reposicionamento brasileiro na DIT enquanto economia exportadora de bens primários e importadora de mercadorias elaboradas com maior valor agregado e conteúdo tecnológico.

Em pleno avanço da Era Digital, o Brasil retroagiu à situação de grande importador de bens e serviços digitais submetida à dinâmica da renda gerada pelas exportações de *commodities*. Neste primeiro quarto do século, a dependência externa tornou o subdesenvolvimento nacional ainda mais complexo, expresso pela desestruturação do mundo do trabalho e pela concentração de renda, riqueza e poder.

Por ser consequência do subdesenvolvimento e da dependência externa, a desigualdade, seguidamente tratada com exclusividade pelos governos, secundarizou o real enfrentamento de suas causas. Constituiu, assim, a expressão do movimento mais amplo da desmodernização do capitalismo brasileiro, que se sustentou na formação de outra maioria política, conforme analisado a seguir.

3.2.1 A maioria política neoliberal na desmodernização do Brasil

A crise da dívida externa logo no início da década de 1980 atingiu o tripé que estruturava a base do desenvolvimento capitalista no Brasil desde o pós-Segunda Guerra Mundial, no século passado (capital estatal, privado nacional e estrangeiro). Simultaneamente, o avanço da segunda onda de globalização enquanto subproduto do movimento de reestruturação do centro do capitalismo mundial sediado nos EUA terminou por reconfigurar a sua periferia, em especial no Ocidente.

No caso brasileiro, a adoção do programa de ajuste exportador induzido pelos acordos com o FMI durante o governo Figueiredo (1979-1985) esvaziou os mecanismos de promoção do mercado interno, desorganizou as finanças públicas e colocou o país em direção à hiperinflação. Do ponto de vista econômico, a década de 1980 foi perdida, comprometendo, inclusive, a transição política para a democracia.

Em parte, a derrota do movimento popular em torno da aprovação da emenda constitucional que estabelecia as eleições diretas para presidente da República, interrompidas em 1964 pelo golpe de Estado civil-militar, levou a sucessão do presidente Figueiredo para a via indireta. Como o colégio eleitoral era formado por maioria de participantes identificados com a ditadura, a sucessão se deu através de acordo político conservador, que retirou dos governos democráticos a capacidade de realizar alguma reforma profunda na estrutura do capitalismo brasileiro.

Em função disso, o ímpeto reformador originário das lutas pela abertura democrática, que projetava outro país desde o final da década de 1970, foi sendo esvaziado. A agenda de reformas constituídas em torno do documento "Esperança e mudança: uma proposta de governo para o Brasil", de outubro de 1982, perdeu sentido, sendo substituída pela avançada e dirigente Constituição Federal de 1988, cuja implementação ficou postergada, pela necessidade de sua regulamentação.

Mais de três décadas depois, parte da Constituição ainda não havia sido regulamentada, enquanto outra parte foi regulamentada durante os governos de maioria neoliberal. Além disso, a própria Constituição foi emendada 111 vezes até o ano 2021, descaracterizando, em grande medida, a sua perspectiva inicial.

O homem é o problema da sociedade brasileira: sem salário, analfabeto, sem saúde, sem casa, portanto sem cidadania. A Constituição luta contra os bolsões de miséria que envergonham o País [...]. Cidadão é o que ganha, come, sabe, mora, pode se curar. A Constituição nasce do parto da profunda crise que abala as instituições e convulsiona a sociedade.[3]

Diante da complexidade de sua implementação em face da conformação de outra maioria neoliberal a partir dos anos 1990, a agenda "Esperança e mudança", de 1982, se converteu no último marco retórico do projeto nacional-desenvolvimentista em curso desde a década de 1930. Mais uma vez, a postergação na realização das reformas estruturais do capitalismo brasileiro se confirmou como rotina conservadora adotada desde a luta dos abolicionistas ocorrida entre os anos 1868 e 1888.

Assim, a consolidação do ciclo político-democrático da Nova República (1985-2014) se fundamentou, especialmente a partir dos anos 1990 pela "Era dos Fernandos" (Collor de Mello, 1990-1992, e Henrique Cardoso, 1995-2002), na adoção do receituário neoliberal. Com isso, o Brasil ingressou passiva e subordinadamente na globalização desde 1990, colhendo enorme regressão econômica e social internamente e esvaziamento de sua posição relativa no mundo da produção.

A prevalência neoliberal deformou a sociedade urbana e industrial, submetida cada vez mais à condição de plataforma de financeirização do estoque de riqueza velha e à volta do modelo primário-exportador. Nesse sentido, o papel dos governos do ciclo político da Nova República se reduziu a gerir a massa sobrante da força de trabalho através do Estado social e policial, enquanto tentativa nacional de postergar a catástrofe geral.

---

[3] Guimarães, 1988, s.p.

Destaca-se que, no interregno da primeira para a segunda globalização capitalista (1914-1980), que sucedeu o final da Ordem Liberal no mundo liderado pela Inglaterra (1870-1914), o Brasil conseguiu constituir uma maioria política que, ao superar as forças das antigas oligarquias primário-exportadoras, rompeu com a primitiva sociedade agrária. Para tanto, teve que abandonar o padrão ouro-libra vigente até então, conectando-se com tecnologias e padrão de financiamento comprometidos com a internalização do sistema produtivo moderno, representado na época pelo paradigma mecânico-químico.

Com isso, o capitalismo brasileiro viveu a sua época de ouro, com dinamismo econômico superior ao do mundo, o que permitiu constituir a nova sociedade urbana e industrial. Mesmo não tendo resolvido os graves problemas socioeconômicos, mostrou ser muito superior à realidade imposta anteriormente pelo liberalismo do Estado mínimo.

Com a segunda onda da globalização iniciada a partir da década de 1980, dominada pela Ordem Neoliberal liderada pelos EUA, o Brasil passou a regredir social e materialmente. A desarticulação do seu sistema produtivo avançou substancialmente desde 1990, com a dominância neoliberal à direita e à esquerda dos governos democráticos do ciclo político da Nova República.

Assim, a economia complexa, diversificada e integrada constituída desde a Revolução de 1930 ficou para trás, sendo substituída pela simplificada especialização produtiva. Por estar cada vez mais conectada com o exterior, a reprimarização da pauta de exportação se descolou dos interesses nacionais. Tornou-se privilegiada, por estar praticamente isenta de tributação, bem como operou com juros subsidiados para financiar a sua maior escala de produção e com taxa de câmbio valorizado para importar tecnologias e insumos necessários. Mas isso requereu formar uma base parlamentar que permitisse, durante o ciclo político da Nova República, defender os seus interesses, conforme havia prevalecido na República Velha (1889-1930).

Para tanto, a reorganização de estratégia política fundamental dos negócios econômicos vinculados ao complexo agropecuário permitiu alcançar nas eleições gerais de 2018 o crescimento de 7,1% em relação ao resultado de 2014. Ademais do sucesso obtido na expansão eleitoral, o *lobby* das empresas e associações do agronegócio, identificado pela Frente Parlamentar da Agropecuária (FPA), apresentou importante capacidade de renovação, uma vez que somente 45% dos eleitos em 2014 conseguiram se reeleger em 2018.

Com 257 deputados federais, a FPA, sozinha, conseguiu responder pela metade do total dos parlamentares pertencentes à Câmara dos Deputados Federais. A força quantitativa da bancada parlamentar ruralista resultou não apenas da ocupação de parte dos postos de comando no legislativo (Câmara e Senado), mas também da composição tanto nos ministérios do Poder Executivo como nas indicações do Poder Judiciário.

Essa postura política exitosa, focada no Poder Legislativo por parte dos interesses econômicos da agropecuária no Brasil, parece resultar das inovações implementadas a partir da derrota sofrida logo na retomada das eleições democráticas, após o longo período autoritário que cassou o direito de voto para presidente da República. O fato de o candidato Ronaldo Caiado, ex-presidente da União Democrática Ruralista (UDR) e pertencente a uma família de negócios agrários com importante participação na política goiana desde o século XIX, não ter alcançado nem 1% dos votos para presidente em 1989 indicou a dificuldade de o interesse econômico da agropecuária repetir o sucesso político do passado.

Durante a República Velha (1889-1930), por exemplo, a população era majoritariamente rural e as eleições visivelmente fraudadas, com

O BRASIL NO CAPITALISMO DO SÉCULO XXI | 121

eleitores compreendidos, em sua maioria, por homens brancos, ricos e alfabetizados. Ademais de contar com votantes cuja totalidade não alcançava 5% do total da população, o Parlamento era controlado pelos barões do café de São Paulo e pelos pecuaristas de Minas Gerais.

Na fase democrática de 1945 a 1964, quando o Brasil fazia a transição para a sociedade urbana e industrial, a base social eminentemente rural se vinculou com um partido político. Foi o Partido Social Democrático (PSD) que acolheu os interesses econômicos agropecuários da época, sendo responsável pela maioria absoluta tanto na Assembleia Constituinte de 1946 como na Câmara e no Senado até o golpe civil-militar de 1964.

Como se sabe, o ciclo político da Nova República, iniciado em 1985, tinha o eleitorado majoritariamente urbano e grande fragmentação partidária, o que tornou mais complexa a continuidade da mesma estratégia de dominação adotada no passado pelo agrarismo. Por isso, optou-se pela formação de uma base parlamentar que permitisse aglutinar eleitos de distintos partidos e regiões do país para, a princípio, proteger politicamente os interesses econômicos do segmento a partir dos anos 1990.

Na sequência, mesmo sem ter capacidade de eleger diretamente o presidente da República, o sucesso da estratégia de formação da frente parlamentar permitiu controlar o Poder Executivo ao longo dos anos 2000. Mais recentemente, com a maior bancada no Poder Legislativo, passou a dirigir o Poder Executivo.

Para isso, inovações e mudanças precisaram ser realizadas, a fim de alcançar o êxito da estratégia política implementada. O aportuguesamento da palavra inglesa "*agribusiness*" concedeu inovação ao setor, com a popularização do termo "agronegócio", visando substituir o conceito do rural identificado como atraso pelo moderno conjunto de atividades agrícolas e industriais voltado à produção em grande escala e de conexão do campo com o consumidor final.

A mudança metodológica de aferição do agronegócio destoou da tradicionalmente adotada pelo Instituto Brasileiro de Geografia e Estatística (IBGE), pois apontava decréscimo da participação relativa da agropecuária no PIB e na ocupação total. Atualmente, o IBGE aponta que a produção agropecuária equivale a 5,9% do PIB e a 9,1% das ocupações dos brasileiros.

Mas, de acordo com a métrica do Centro de Estudos Avançados em Economia Aplicada (Cepea), da Escola Superior de Agricultura Luiz de Queiroz, da Universidade de São Paulo (Esalq/USP), em parceria com a Fundação de Estudos Agrários Luiz de Queiroz (Fealq) e a Confederação da Agricultura e Pecuária do Brasil (CNA), a participação do agronegócio no PIB atinge quase 27% e representa 19,5% do total dos ocupados no país. Dessa forma, no Brasil, essa participação seria quase duas vezes superior ao índice dos EUA (14%), embora ainda inferior ao de Gana (63%) e ao da Etiópia (86%).

Apesar da contida presença da população e, por consequência, da quantidade de eleitores vinculados ao meio rural, a conquista do voto para a formação da bancada do agronegócio tem sido bem-sucedida. Sinal disso é o crescente descompasso existente entre a minoritária população de eleitores no meio rural (13% do total) e a maior representação política do ruralismo no parlamento (50% do total).

O fato de o sistema eleitoral vigente favorecer a decisão do voto no candidato, muito mais que na legenda partidária, no programa e no ideário defendidos, permite que o poder econômico se estabeleça de maneira superior, ao atuar de forma organizada. Para o Observatório do Agronegócio no Brasil, por exemplo, a estratégia política dos interesses econômicos do complexo agropecuário se alimenta de centros pensantes, como, por exemplo, o Instituto Pensar Agro (IPA).

Em geral, trata-se de institutos de estudos e pesquisas que também reúnem lobistas e executivos do agrarismo. Para tanto, recebem financiamentos generosos de institutos patronais e empresas nacionais (JBS, Marfrig, entre outros), além de corporações transnacionais (Bunge, Cargill, Bayer, Syngenta, Basf, Nestlé, Danone, entre outras).

Isso não é novo no Brasil, pois basta relembrar a atuação do Instituto de Pesquisa e Estudos Sociais (Ipes) e do Instituto Brasileiro de Ação Democrática (Ibad), que, no início da década de 1960, agregou a inteligência civil e militar de direita em defesa do conservadorismo. Naquela oportunidade, o Ipes e o Ibad também contaram com financiamento de instituições patronais internas e externas (American Economic Foundation e American Information Committee) e com o apoio da mídia comercial (*Jornal do Brasil, O Globo, Correio da Manhã, Última Hora* e outros) e de representantes políticos, eclesiásticos e artísticos.

Ao se voltar ao período da República Velha, compreende-se também o papel desempenhado pelo capital estrangeiro e pelo nacional na atuação sobre o parlamento em defesa dos seus interesses econômicos dominantes. No final do século XIX, por exemplo, empresas inglesas e alemãs controlavam parcela significativa das exportações das *commodities* da época.

3.2.2 Implicações internas da globalização e do deslocamento do centro dinâmico mundial para o Brasil na periferia do capitalismo

Dependente do receituário neoliberal desde o ano 1990, o Brasil avançou no aprofundamento da abertura comercial, produtiva e tecnológica, desmontando as bases que sustentavam a pujança da industrialização nacional. Por força da asfixia da gestão macroeconômica de taxa de câmbio valorizado e elevadas taxas reais de juros, o setor privado nacional foi se metamorfoseando de burguesia industrial em rentista e comercial.

Para os empresários que se desfizeram de suas plantas industriais em face das condições econômicas e monetárias desfavoráveis

124 | O BRASIL NA DESMODERNIZAÇÃO NEOLIBERAL

internamente, a aplicação financeira do capital foi o que se mostrou mais rentável. Com isso, a transformação do Brasil em plataforma de financeirização de valorização do estoque de riqueza velha se consolidou, contando com o apoio dos ricos à manutenção de altas taxas de juros no país.

Por outro lado, ao empresário que conseguiu manter os seus negócios industriais no Brasil, coube procurar substituir, sempre que possível, a produção nacional por importados, crescentemente da China. Nesse sentido, sendo a base social constituída por empresário industrial convertido em comerciante, sempre interessado em comprar barato no exterior para montar e vender caro no Brasil, a defensa da valorização cambial se mostrou fundamental para os seus negócios.

Com isso, a burguesia interna constituída ainda no século XX se metamorfoseou substancialmente após ter atingido o seu êxito na década de 1970. De certa forma, o esvaziamento de seu protagonismo no interior da classe dominante aconteceu concomitantemente com as mudanças também ocorridas em relação ao capital estrangeiro.

Diante da formação das cadeias globais de valor, conduzidas pelas grandes corporações transnacionais, sediadas em geral no Norte Global, cada espaço nacional passou a ser objeto de competição pela atração dos investimentos diretos do exterior. Embora o Brasil tenha conseguido capturar parte importante dos fluxos financeiros internacionais, o majoritário ingresso de recursos ficou concentrado em aplicações nos mercados especulativos, não em investimentos produtivos, sem alargar a estrutura econômica nacional.

Em função disso, o potencial brasileiro dependente da produção e da exportação de produtos primários se tornou cada vez mais viável. Com o deslocamento do centro dinâmico do mundo do Ocidente para o Oriente, em especial pela elevação da demanda global de *commodities* por parte da China, o modelo primário-exportador passou a ocupar centralidade na atuação do Estado.

De certa forma, a classe dominante no Brasil se antecipou ao movimento de recentralização na economia mundo. No início do século XIX, com a abertura dos portos por D. João VI, ocorreu o deslocamento dos interesses econômicos da colônia da antiga metrópole para a Inglaterra, que se constituía no centro do capitalismo mundial.

Com a assinatura da livre exportação de café do Brasil para os EUA em 1870, o movimento de passagem das vinculações primordiais do Brasil com a Inglaterra teve início. Com a Revolução de 1930, o Brasil se alinhou diretamente com os EUA, que passaram a assumir a condição de centro dinâmico do mundo.

Desde o ano 2009, com a criação dos Brics, a China se transformou no principal parceiro comercial do Brasil. Ao mesmo tempo que o país se viabilizou como um grande produtor e exportador de bens primários, a economia brasileira se tornou crescentemente dependente da China, que se direciona ao posto de maior economia do mundo.

Foi nesse contexto de reconfiguração periférica do capitalismo global que as alterações no Estado se mostraram fundamentais. O setor produtivo estatal, por exemplo, seguiu a trajetória de sua privatização, o que significou o deslocamento de monopólios geridos pelo Estado para o domínio privado, muitas vezes na esfera do capital privado estrangeiro.

Ao mesmo tempo, a gestão privada das empresas e dos bancos estatais se tornou norma em nome da obtenção do lucro, o que desvirtuou o papel original da atuação pública no domínio econômico do país. Para tanto, foi necessária a conversão da tecnoburocracia que até então conduzia o setor público brasileiro em elite instruída de natureza antidesenvolvimentista.

Por restarem assentadas nos valores mercantis em proliferação no interior da administração pública, as decisões públicas e o exercício de poder se concentraram na esfera dos especialistas. Uma vez que se fundamenta no receituário neoliberal, o corpo social dirigente do

Estado, seja civil, seja militar, revela apego a princípios autoritários, que decorrem de decisões assumidas a distância do controle ou do questionamento da população ou, até mesmo, da representação político-eleitoral.

Ocorre, no máximo, a validação possível entre seus pares de especialistas. Essa situação se agravou profundamente quando a forma política foi secundarizada pela imposição da economia.

Com a desvalorização das carreiras públicas e a perda de direitos produzidos por seguidas reformas administrativas, previdenciárias, jurídicas e institucionais desde 1990, a elite do funcionalismo estatal reforçou o crescente corporativismo. Mas nem sempre foi assim.

Três anos depois de ocorrida a Independência Nacional, Dom Pedro I decretou, em 1825, o emprego do título de "doutor" aos bacharéis em Direito. Retribuía, assim, aos senhores proprietários de terras e escravos a sustentar o Império, com a concessão de fazendeiro-doutor aos filhos da oligarquia agrária formada nas faculdades do país, sobretudo em Pernambuco, Salvador, Rio de Janeiro e São Paulo.

Um pouco depois, já no período regencial (1831-1840), a primeira Guarda Nacional foi constituída. Mas, para isso, a sua hierarquia, especialmente atribuída aos títulos de tenente a coronel, foi posta à venda aos proprietários de terras e de escravos ao valor de até 200 mil réis anuais, permitindo criar a base social do coronelismo, com fortes implicações na política brasileira.

Em plena decadência do patriarcalismo agrário, a substituição do Império pela República não alterou substancialmente o corpo social que se deslocou do Estado absolutista para o Estado mínimo liberal capitalista. Mesmo com algumas formulações importantes no profissionalismo civil e militar, a denominada "nobreza doutoral" conseguiu manter a sua funcionalidade ao novo regime de governo, porém submetida à crescente crítica política e social.

Para Lima Barreto (1985), por exemplo, o projeto de vida almejado pela elite instruída era o de estar fora do país, mesmo atuando numa espécie de país do exílio, negado ao conjunto dos trabalhadores de vida miserável. Essa perspectiva terminou sendo enfrentada pela estruturação do Estado moderno, que acompanhou o projeto nacional-desenvolvimentista instalado com a Revolução de 1930.

A construção do novo corpo social no interior da administração pública desde 1937, com o Dasp, mostrou-se essencial para que o Estado liderasse a transição do velho e primitivo agrarismo para a moderna sociedade urbana e industrial. No Golpe de 1964, a reforma administrativa interrompeu os laços democráticos e participativos decorrentes da experiência de JK, apoiada nos grupos executivos setoriais.

A tecnocracia constituída operou quase isolada e impermeável à participação democrática, constituindo elemento fortalecedor da ditadura civil e militar. Nos anos 1990, com a primazia do receituário neoliberal, o regime jurídico único para a administração pública, instituída pela Constituição de 1988, foi profundamente alterado.

A substituição dos concursos públicos pela terceirização nas atividades consideradas meio à função pública (segurança, transporte, asseio e conservação, secretaria e outros) seguiu a lógica da privatização do setor público estatal. Através da reforma gerencial do Estado, a presença de organizações não governamentais se tornou crescente.

Da mesma forma, proliferou a internalização de critérios mercantis nas atividades de serviços públicos civis e militares. Sem conter os vícios burocráticos e as práticas clientelistas e patrimonialistas tradicionais, os novos princípios mercantis introduzidos na gestão pública comprometeram ainda mais o funcionamento do Estado no Brasil.

Sob o manto do antidesenvolvimentismo, a mentalidade mercantil se estendeu e dominou postos essenciais de comando dos aparelhos do Estado brasileiro, tendo as "ilhas de excelência" operado cada vez mais autonomamente, como um fim em si mesmas. As experiências do lavajatismo e de militares mais presentes no interior da administração pública desde a década de 2010 indicam o quanto a elite instruída passou a reproduzir o privatismo, o autonomismo e o entreguismo, destoando dos interesses e das necessidades da maior parte da nação.

Para o conjunto da população, especialmente os mais pobres, as consequências disso foram inquestionáveis. Na sequência, destacam-se os seus principais efeitos para a sociedade brasileira.

3.2.3 A ruína da sociedade urbana e industrial e a financeirização dos pobres

A identidade de "país do futuro" outrora consagrada ficou para trás, quando as elites dirigentes abandonaram o sentido das disputas em torno das múltiplas oportunidades que emergiam desde a década de 1980. Sinal dos tempos presentes do Brasil 200 anos após a Independência, o neocolonialismo segue ativo.

Exemplo disso está presente na trajetória de irrelevância industrial a que o Brasil se encontra submetido. Diante do constante predomínio das versões internas do neoliberalismo, reacionária ou progressista, conforme definição da filósofa Nancy Fraser, a estrutura de produção manufatureira regrediu consideravelmente, tornando-se superdependente do exterior.[4]

Após ter sido considerada a 6ª maior do mundo, a indústria manufatureira decaiu para a atual 16ª posição, respondendo por um pouco mais de 1% da produção global. A insignificância internacional

---

[4]   Fraser, 2020.

do Brasil pode ser percebida pelo fato de que, no ano 2021, por exemplo, o produto de toda a indústria de transformação do país, constituído por 12 milhões de ocupados, equivaleu a apenas 72,5% das receitas globais da montadora japonesa Toyota, que empregou, no mesmo ano, 366 mil pessoas. Há 41 anos, em 1980, o valor do produto de toda a indústria de transformação brasileira era quase quatro vezes superior ao total das receitas globais da mesma Toyota.

Não bastasse o apequenamento da produção interna da manufatura, nota-se a escandalosa e crescente dependência do exterior. Isso decorre do fato de o mercado interno ter se expandido, sobretudo por força espontânea da demografia, enquanto a produção industrial local declinou, tornando-se sujeita às importações manufaturadas.

No ano 2021, por exemplo, o déficit externo (exportações menos importações) em manufatura chegou a US$ 111 bilhões, o mais grave desde 2000, segundo cálculos da Associação de Comércio Exterior do Brasil. A superação somente desse déficit externo em bens industriais corresponderia a um PIB pelo menos 4% superior ao atual.

Se considerar o consumo aparente que resulta do total da oferta interna de produtos manufaturados acrescida das importações de produtos industriais, percebe-se o vergonhoso grau de dependência nacional dos estrangeiros. Mais especificamente, a crescente predominância chinesa tanto nos setores da indústria de base como nos segmentos industriais de tecnologia avançada.

Alguns exemplos disso podem melhor expressar o quanto o Brasil optou por tornar irrelevante a sua própria indústria, ao mesmo tempo que aumentou sua dependência do exterior, mais recentemente da China. Com base nas informações oficiais disponíveis do comércio externo brasileiro para 2022, a fabricação interna de eletroeletrônicos depende em 95% das importações chinesas, assim como a produção de iluminação elétrica (88%), de máquinas de escritórios (84%), de instrumentos musicais (83%), de cabos de fibra ótica (79%), de equipamentos de comunicação (77%), de computadores e periféricos (76%), de baterias e acumuladores (72%), de instrumentos ópticos e fotográficos (65%), de componentes eletrônicos (65%), entre outros. Apesar disso, o Brasil obteve superávit comercial com a China de US$ 40,3 bi, às custas das exportações de soja e farelos (US$ 44,5 bi) e de minério de ferro (US$ 42,2 bi). Juntos, esses dois mesmos produtos primários responderam por 31% do total das exportações brasileiras referentes ao ano 2021.

Com o Brasil próximo de completar o primeiro quarto do século, a penetração chinesa no país é inédita e crescente. À medida que os meios tradicionais de comunicação ficam ultrapassados perante as tecnologias de informação e comunicação, as mudanças sociais se tornam substanciais, inclusive em termos de hábitos e costumes, como se fossem reminiscências do futuro.

Concomitantemente, a população interpenetrou na lógica da financeirização, que, há mais de quatro décadas, exerce intensa dominância sobre a dinâmica do capitalismo mundial. Ao se introjetar no interior da totalidade do sistema econômico, a esfera da intermediação financeira, até então subordinada ao antigo processo produtivo de geração de riqueza, autonomizou-se, assumindo a condição sistêmica de promover, gerir e realizar a riqueza.

Diversos desdobramentos disso fizeram com que a desigualdade, novamente, assumisse maior relevância, com a primazia da gestão dos ativos financeiros e a transformação do Estado em sancionador da riqueza privada e seu garantidor em última instância. O receituário neoliberal se mostrou fundamental para que isso pudesse ocorrer, e o resultado disso passou a ser a maior disparidade de renda e patrimônio entre indivíduos, classes e frações de classes sociais.

Para um país marcado historicamente pela desigualdade, como o Brasil, o receituário neoliberal terminou por agilizar mais acentuadamente a concentração e a centralização da riqueza em cada vez menos indivíduos e clãs da sociedade. A sofisticação tecnológica e a contabilidade criativa, intrínsecas aos mecanismos de financeirização, contribuíram tanto para a diferenciação social como para a subordinação da política aos interesses econômicos dominantes.

Com isso, a pirâmide populacional, segundo a posse de renda e riqueza, se alargou na base e se afinou no topo, crescentemente circunscrita ao modo de vida do rico, do mundo do dinheiro, dos serviços e das relações de interesses próprias, de restrito trânsito social. A própria concepção de riqueza se ampliou, passando da posse de dinheiro e ativos financeiros para o mercado de luxo, dos eventos de afortunados vinculados às interligações educacionais, culturais, políticas e sociais.

Tudo isso e mais têm sido objeto de descrição e estudos a respeito da realidade de novos e tradicionais ricos submetidos à lógica de financeirização da riqueza no Brasil. O que parece se diferenciar das abordagens até então difundidas são as constatações a respeito de como as massas sociais empobrecidas têm sido capturadas pelo processo de financeirização.

Enquanto subproduto próprio do aprofundamento do subdesenvolvimento, uma parcela da classe trabalhadora segue sendo deslocada da relação salarial tradicional para o sistema crédito-débito da financeirização capitalista. Diante da profusão das políticas neoliberais de mercantilização da vida, quase tudo foi se tornando mercadoria ao consumo com acesso exclusivo pela posse do dinheiro, como nos mercados da saúde (planos de saúde privados), da educação e da cultura privadas, da assistência social paga; ademais das necessidades de alimentação, habitação, transporte etc.

Assim, a estratégia de ampliação do poder de compra contempla a recorrente exigência de ganhos em dinheiro (crédito) resultantes de um cardápio com diferentes origens: salário, aluguel, pagamento por atividade eventual, benefícios sociais (transferência condicionada

132 | O BRASIL NA DESMODERNIZAÇÃO NEOLIBERAL

de renda, pensão e aposentadoria), endividamento, microfinanças, entre outras. Nesse contexto de enorme insegurança de renda, o endividamento tem sido crescente, sobretudo entre os pobres. Noutras palavras, o processo de financeirização entre os pobres, ao contrário do que acontece com os ricos, significa a captura de parte crescente do rendimento (crédito) dos que menos têm na forma de juros sobre a dívida contraída (débito). Para os pobres, a interpenetração financeira, com a bancarização e a ampliação das operações de crédito às famílias e do endividamento, permitiu trazer para o valor presente recursos adicionais ao consumo, tornando o futuro, porém, cada vez mais associado à dependência da própria lógica da financeirização.

Em função disso, as famílias passaram a comprometer parte crescente dos seus orçamentos com o pagamento dos serviços decorrentes do endividamento financeiro. Com mais de 4/5 das famílias atualmente endividadas no Brasil, nas quais a transferência financeira absorve, em média, mais de 1/5 da renda mensal, constata--se como o processo de financeirização incorporou destrutivamente os pobres.

Não bastassem a inflação e o sistema tributário regressivo, cuja carga se assenta proporcionalmente muito mais nos rendimentos dos mais pobres, emerge a financeirização pró-pobre. Mais recentemente, os governos adicionaram mais artifícios ao processo de financeirização, que permitem, por exemplo, aos devedores terem o imóvel penhorado quando usado como garantia em empréstimo.

Esse processo perverso revela o quanto se encontra avançada e disseminada a financeirização, porque, ao incorporar as massas empobrecidas, permite reproduzir a centralidade sistêmica da dinâmica capitalista no Brasil. Em vez do passado de expansão produtiva com o alargamento do mercado interno sustentado pelo projeto de industrialização nacional e estruturação do assalariamento formal, a financeirização tem sido alargada em meio ao empobrecimento social e a ocupações precárias e informais, compatíveis com o modelo econômico primário-exportador, como bem descreve Carolina Maria de Jesus: "Quando estou na cidade tenho a impressão de que estou na sala de visita com seus lustres de cristais, seus tapetes de viludos, almofadas de sitim. E quando estou na favela tenho a impressão que sou um objeto fora de uso, digno de estar num quarto de despejo".[5]

---

[5] Jesus, 1992, p. 37.

4
BRASIL: DINÂMICA ESPACIAL E ENFRAQUECIMENTO DO ENCADEAMENTO INTERSETORIAL

Do momento em que se aceita um modelo de crescimento orientado para fora, o Estado e a Nação perdem o controle sobre as sucessivas organizações do espaço.

Milton Santos

Diante do extraordinário desempenho de algumas UF periféricas durante o primeiro quinto do século XXI, busca-se compreender a dinâmica da economia regional, fundada na acumulação flexível sob o comando do setor de serviços, a partir do cruzamento de diversos bancos de dados (PIB setorial, balança comercial externa e saldo da balança interestadual). Dessa forma, o esforço da integração nacional desencadeada desde a Revolução de 1930 foi contrastado com o retorno recente da especialização produtiva e da reprimarização da pauta de exportação.

Em face dos fortes indícios do desencadeamento intersetorial, consideram-se os desempenhos econômico e social do país durante as duas primeiras décadas do século XXI. Para tanto, apresenta-se o comportamento das Grandes Regiões geográficas (Norte, Nordeste, Sudeste, Sul e Centro-Oeste), com destaque para UF com resultados acima do desempenho econômico médio nacional.

Pelo *boom* das *commodities*, marcado pela elevação dos preços de produtos primários da agropecuária e da indústria extrativa (mineral e vegetal), a primeira década deste século confirmou a dependência econômica interna à dinâmica da economia internacional. Com o deslocamento do centro dinâmico do mundo do Ocidente para o Oriente, o comércio com a Ásia, em especial com a China, favoreceu a capitalização do domínio político dos latifundiários localizados fora do centro dinâmico da economia nacional.

De 1997 a 2021, por exemplo, as exportações para a Ásia cresceram 1.579%, com destaque para o conjunto China, Hong Kong e Macau, perfazendo variação acumulada de 5.693% no mesmo período. A América do Norte, liderada pelos EUA, representava o principal parceiro comercial do Brasil em 1997, mas caiu para a segunda posição desde 2009, visto que as exportações para aquela parte do continente americano, no mesmo período, cresceram apenas 290%.

Com isso, a pauta de exportação brasileira concentrou-se em pouco mais de dez produtos do setor primário e produtos manufaturados de baixa complexidade. Ao mesmo tempo, apenas 8 das 27 UF passaram a responder por 80% do total das exportações.

Essa reconfiguração econômica nacional decorre do movimento de especialização produtiva e concentração da pauta exportadora. Desde o ingresso na globalização, em 1990, o esvaziamento da participação da indústria de transformação foi acompanhado da mecanização do ciclo produtivo primário-exportador, com a intensificação da exploração do subsolo e o rebaixamento de salários como definidores de competitividade internacional.

Pela balança comercial de 2021, por exemplo, o conjunto de soja, café, milho e algodão bruto respondeu por 19% do total das exportações. Ao mesmo tempo, a mineração *in natura* correspondeu a 28% das exportações, enquanto o conjunto dos produtos manufaturados derivados da agropecuária e da mineração (açúcar, carnes, farelo de soja, óleos combustíveis de petróleo, ferro-gusa e similares) participou com 22%, o que equivale acumuladamente a 69% do total das exportações brasileiras.[1]

O fortalecimento das atividades primário-exportadoras no Brasil vem ocorrendo com evidente concentração em algumas UF. O principal destino das *commodities* agrominerais tem sido o mercado externo, cujo financiamento é viabilizado por um conjunto de incentivos fiscais e creditícios defendidos por expressiva representação parlamentar no Congresso Nacional.

Desde 1985, com a UDR, ocorreu a reorganização dos interesses dos grandes proprietários rurais em novas bases, como instrumento de pressão sobre o Estado para assegurar a propriedade privada. Simultaneamente, a representação parlamentar do agronegócio se expandiu até se tornar majoritária no Congresso Nacional.

Hoje, os principais pontos de pauta da FPA são: flexibilização da legislação ambiental, tratando crime ambiental como ação legal; inviabilização da reforma agrária ou utilização de mecanismos que lhes assegurem vantagem pecuniária via supervalorização das terras; criação de obstáculos à regularização de terras indígenas; neutralização da fiscalização estatal sobre ocupação de terras devolutas pelo agronegócio ou para fins de especulação imobiliária; e alteração da legislação trabalhista para fins de legalização da espoliação do trabalho nos moldes do período que antecede a abolição da escravatura.

O avanço do agrarismo foi pavimentado pela crescente ocupação de instituições públicas (ministérios, institutos e fundações) por representantes do agronegócio, determinados a abrir porteiras para a consolidação do domínio político-espacial. Quando a FPA não consegue extinguir uma instituição que cria obstáculos a seus

---

[1] Para ver mais, consultar: Ministério da Economia, Secretaria de Relações Exteriores.

interesses, a asfixia por esvaziamento orçamentário ou a domina, de modo a colocá-la a serviço do agronegócio.

A instrumentalização política do poder econômico tradicional localizado na periferia da economia nacional possibilitou aos capitais mercantil, financeiro e produtivo ligados ao agrarismo neutralizar forças políticas opositoras. Pela via da interferência na legislação brasileira e nas políticas públicas, o complexo do agronegócio maximiza a acumulação de capital vinculada, em grande medida, ao rentismo e aos interesses do comércio internacional.

O movimento de flexibilização regulatória sobre o agronegócio, sobretudo com o golpe parlamentar de 2016, tem permitido ignorar, inclusive, as atividades ilegais, a exemplo da liberalização de agrotóxicos, sabidamente nocivos à saúde humana e ao equilíbrio dos ecossistemas.

Nessa marcha, o desmantelamento das instituições governamentais de fiscalização transcorreu demarcado pela desinstitucionalização das ações do Estado nacional. Sem controle, as queimadas em áreas florestais ampliaram-se, assim como expandiram os empreendimentos com grande impacto negativo sobre o ambiente, em geral, nocivos ao conjunto da população, especialmente aos povos originários.

O agronegócio no Brasil é mais que uma atividade produtiva, é uma organização política com uma estrutura distinta da observada nos anos 1970. Elevou a produtividade a partir da utilização de novas tecnologias, inteligência artificial, mutações genéticas, novas formas de captação de recursos, elevação do grau de financeirização, além de novos incentivos fiscais e creditícios, majoritariamente para produtos integrantes da pauta de exportação.

A Lei Complementar nº 87/1996, mais conhecida como Lei Kandir, assegura a renúncia fiscal por União e UF para produtos primários da pauta exportadora, sem obrigatoriedade de contrapartida ao desenvolvimento regional. Além da Lei Kandir, muitas UF têm incluído na Lei de Diretrizes Orçamentárias (LDO) mais renúncia fiscal, cuja soma é incompatível com o volume de empregos gerados, ignorando-se o percentual da população abaixo da linha de pobreza, cuja sobrevivência está condicionada a transferências de renda via programas sociais.

Essas vantagens viabilizaram e aceleraram a acumulação de capital, intensificando a concentração fundiária e a elevação de preços de produtos alimentícios, cada vez mais influenciados por controle artificial da oferta e especulações financeiras na Bolsa de Mercadorias e Futuros (BM&F) e menos por fatores climáticos ou nível de demanda do mercado doméstico. O controle artificial da oferta agropecuária tornou-se tão eficiente quanto o da produção industrial, sem destruição da colheita, graças às novas tecnologias incorporadas aos ciclos produtivos. Por outro lado, o complexo do agronegócio possui contido encadeamento intersetorial, produzindo reduzida integração às cadeias produtivas nacionais.

Com 8,5 milhões de km², o Brasil ocupa a 5ª posição em extensão territorial, ficando atrás apenas de Rússia, Canadá, EUA e China, mas ocupa a 160ª posição em densidade demográfica, entre 208 países. As condições climáticas e geomorfológicas são favoráveis à produção agrícola diversificada, com elevada produtividade e volume suficiente para abastecer toda a população. Apesar disso, os oligopólios, sob a égide da tríade capital produtivo, capital mercantil e capital financeiro, exploram o solo e os demais recursos naturais com o propósito estrito de maximizar lucros, priorizando o mercado externo em detrimento da sustentabilidade do desenvolvimento nacional.

Sem regulação sobre produção e preços, a produção agropecuária se transformou em objeto de especulação financeira enquanto milhares de famílias padecem de insegurança alimentar. A fome no Brasil, portanto, não está vinculada à escassez dos fatores de

140 | BRASIL: DINÂMICA ESPACIAL E ENFRAQUECIMENTO...

produção, mas à concentração fundiária e à omissão do Estado no seu papel de regulação e redistribuição de renda.

Alguns países asiáticos, como China e Índia, conseguiram se reposicionar no mercado mundial, graças a investimentos em conteúdos tecnológicos e modernização da estrutura produtiva, com elevação do grau de competitividade. Na contramão, o Brasil elevou seu grau de subordinação e dependência, importando mais máquinas e equipamentos e exportando mais produtos primários.

De 1997 a 2021, a participação de produtos alimentícios e materiais brutos não comestíveis (excetuando combustíveis) deslocou-se de 36% para 57% na pauta de exportação, enquanto a de máquinas e equipamentos caiu de 22,6% para 9,3%. O primeiro grupo aumentou 58%, e o segundo caiu 59%.[2]

A exportação de combustíveis minerais, por sua vez, passou de 0,6% para 15%, no mesmo período. A soma de outros produtos como ferro, aço e minerais não metálicos equivaleu a 23% das exportações brasileiras em 2021.

A reconfiguração da composição das exportações brasileiras nas três últimas décadas reflete o curso de semiestagnação da renda *per capita* da economia nacional. Por conta disso, deixa um saldo devastador na exploração da força de trabalho, no esgotamento de jazidas, no empobrecimento e na contaminação do solo e de mananciais, bem como no consumo excessivo de água e no comprometimento da qualidade do ar.

Por outro lado, a especialização produtiva e a reprimarização da pauta de exportação tornaram crescente a dependência do exterior para o acesso aos bens e serviços de maior valor unitário e conteúdo tecnológico. De 1997 a 2021, por exemplo, o conjunto de bens capitais, insumos industriais elaborados,

---

[2] Ministério da Economia, Secretaria de Relações Exteriores.

peças e acessórios para bens de capital e transporte passou de 67% para 73% do total das importações.

O resultado disso tem sido o aprofundamento do subdesenvolvimento, com o maior grau de dependência externa da estrutura produtiva. A indústria, em especial, ampliou as importações, refletindo a dificuldade crescente de o país constituir um salto tecnológico compatível com o ingresso na Era Digital.

A trajetória de quatro séculos de especialização regional da produção agrícola, marcada pelos complexos exportadores de açúcar, ouro, borracha, café e outros, somente foi abandonada com o enfrentamento da crise do mercado externo expressa durante a Grande Depressão de 1929. Contudo, a formação de outra maioria política antiliberal se mostrou fundamental para a transição, ainda que tardia, do arcaico e primitivo agrarismo para o moderno capitalismo industrial.

Assentado na substituição das importações, especialmente de bens e serviços industriais, o projeto nacional-desenvolvimentista avançou em direção à integração geográfica e produtiva nacional. Assim, a configuração do antigo arquipélago geográfico de enclaves econômicos começou a se alterar diante da constituição do sistema produtivo complexo, articulado e integrado, sem, todavia, conter as desigualdades regionais.

Durante o período da industrialização e da urbanização entre as décadas de 1930 e 1970, o vigor econômico do país conviveu com dinâmicas diferenciadas no interior do território nacional. A partir dos anos 1980, a desconcentração regional puxada pela desindustrialização foi acompanhada tanto pela perda de vigor da economia nacional como pela diferenciação de algumas UF assentadas no extrativismo e na agropecuária voltada ao mercado externo, conforme abordado a seguir.

4.1 Dinâmica e reconfiguração interna da economia nacional no século XXI

Desde a virada do século XX para o XXI, o Brasil registra importante reconfiguração setorial e espacial da sua economia. Diante do protagonismo das relações comerciais internas com o mercado externo, as UF apontam desempenho econômico distinto.

Ao considerar que o Brasil acomoda a 7ª maior população mundial, com 203 milhões de habitantes em 2022, percebe-se a importância da dimensão do seu mercado doméstico, com função estratégica na demanda efetiva superior ao mercado externo. Em 2019, as exportações brasileiras representaram 12,3% e as importações 10,3% do PIB nacional, o que resulta num comércio externo equivalente a 22,6% do total do PIB do país.

Considerando também as exportações líquidas, o peso relativo do comércio externo é bem inferior ao do consumo das famílias e da administração pública. Juntos, ambos os consumos representam aproximadamente 80% da composição do PIB.[3]

Antes de analisar o primeiro quarto do século XXI, com quase 90% da população residindo em áreas urbanas, cabe lembrar que, quanto a essa composição, no início do século XX, a população rural representava cerca de 4/5 do total dos brasileiros. Com a sociedade predominantemente agrária até 1960, o ruralismo se distinguiu por região e UF.

O movimento de industrialização e modernização da estrutura produtiva a partir da Revolução de 1930, ainda que concentrado no estado de São Paulo, foi acompanhado pela expansão da urbanização, pela elevação gradual da escolarização e pelo branqueamento da população, através de fluxos migratórios, oriundos majoritariamente da Europa. Esse deslocamento resultou em novos arranjos

---

[3] IBGE, Sistema de Contas Nacionais.

populacionais concentrados em torno da indústria, demandantes da instalação de equipamentos e oferta de serviços imprescindíveis ao novo estilo de vida da massa de assalariados a serviço do sistema de produção.

Em 1940, por exemplo, o país registrava uma população de aproximadamente 41 milhões de pessoas, das quais, 69% residiam na área rural. O avanço da urbanização não se manifestou de forma homogênea no território brasileiro. A região mais industrializada apresentou taxa de urbanização mais elevada que a média nacional. Desse modo, a população que residia na área urbana correspondia a 44% no estado de São Paulo, 39% na região Sudeste e 23% na região Nordeste,[4] quando a indústria moldava a arquitetura urbana em cada território.

Por outro lado, a região Nordeste em 1920 concentrou 5,7 milhões de um total de 15,2 milhões de brasileiros, o que corresponde a 38% da população do país. Vinte anos depois, em 1940, a participação da região Nordeste no total da população nacional havia caído para 35%, ao passo que em 1980 declinou para 29% e, em 2021, para 27% da população.

A perda de 6 pontos percentuais entre os anos 1940 e 1980 está associada à emigração para o centro dinâmico industrial. Em grande medida, esse movimento transcorreu relacionado à taxa de mortalidade infantil acima da média nacional e à expectativa de vida ao nascer abaixo da registrada no país.

Além disso, destaca-se que os avanços nos investimentos em infraestrutura produtiva contribuíram para o deslocamento da população pertencente à região Nordeste em busca de melhores oportunidades de vida e trabalho em outras regiões. O contido grau de estruturação do mercado de trabalho, com ampla informalidade

---

[4] IBGE, 1986.

e subocupações, motivou a migração tanto do campo para a cidade como do interior para o centro do país.

À medida que o Estado nacional direcionou notadamente à região Sudeste a maior parcela dos investimentos públicos destinados à infraestrutura urbana e à produção, os fluxos migratórios periferia-centro passaram a redefinir a densidade demográfica das UF. Especialmente o estado de São Paulo, com maior densidade populacional, contou com intensa imigração externa até a década de 1920 e, sobretudo interna, desde então.

Em grande medida, o destaque da região Sudeste no desempenho da economia nacional deveu-se à concentração de mais de 80% do Valor de Transformação Industrial (VTI), conforme o Gráfico 1. Em sendo a industrialização a mola propulsora do período nacional--desenvolvimentista, coube ao estado paulista, assentado nas reservas de mercado protegidas pelas políticas comercial externa, fiscal e monetária, liderar a passagem do agrarismo à sociedade urbana e industrial.

Gráfico 1 – Brasil: participação das Grandes Regiões no Valor de Transformação Industrial, anos selecionados

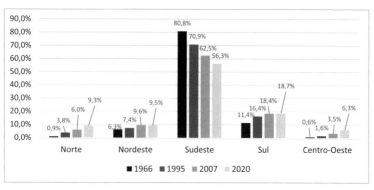

Fonte: IBGE, Pesquisa Industrial Anual. Elaboração própria.

A concentração da atividade industrial no estado de São Paulo possibilitou à região Sudeste não apenas o melhor posicionamento no *ranking* das Grandes Regiões no PIB nacional como também o ritmo de acumulação de capital mais potente para financiar o ascendente setor de serviços, sob o comando do sistema financeiro. A região Sudeste concentrou, entre os anos 1985 e 2019, 66% e 66,5%, respectivamente, do Valor Adicionado Bruto (VAB) de atividades financeiras e serviços correlatos.

Por outro lado, a região Norte respondeu por 1,7% e 2,1%, respectivamente, do VAB de atividades financeiras e serviços correlatos, enquanto a região Nordeste por 7,9% e 7,6%. Isso revela que, em 34 anos, as mudanças foram pouco expressivas e que o sistema financeiro se aninha onde a riqueza é gerada com maior vigor e estabilidade.

No caso da participação da região Centro-Oeste no VAB das atividades financeiras, percebe-se a singularidade da dinâmica do Distrito Federal (DF), descolada da atividade industrial ou da agropecuária. Enquanto, em 1985, o Centro-Oeste respondeu por 14,2% do VAB de atividades financeiras, dos quais 11,6% correspondiam à participação do DF, o ano 2019 foi marcado pelo recuo para 12,3% e 8,7%, respectivamente.

A concentração espacial da atividade produtiva se manifestou com a modernização do capitalismo periférico, acentuando os mecanismos de maximização de lucros extraídos de salários achatados, no âmbito da divisão regional do trabalho. A produção e a circulação de *commodities* transcorreram por intermédio da ampliação da mecanização e da subutilização de força de trabalho, comprometendo o abastecimento do mercado doméstico, com reflexos sobre insegurança alimentar e taxa de desocupação.

Atualmente, a agricultura encontra-se concentrada nas regiões Sul e Centro-Oeste, embora o estado de São Paulo se destaque com a maior representação no PIB setorial. Todavia, considerando a sua densidade demográfica (22% da população) e a sua participação em outros setores, pode-se afirmar que 13% (2019) não chega a ser tão relevante pela perspectiva de inserção da população residente no mercado de trabalho.

Ao cruzar os dados correspondentes ao volume de produção por área de plantio, percebe-se a região Sudeste com nível de produtividade acima daquele das demais regiões. A pecuária, por sua vez, apresenta grau de concentração moderado.

Nesse caso é a região Sul aquela com maior representação, com produção bem distribuída entre Paraná, Rio Grande do Sul e Santa Catarina (7,2%). A região Centro-Oeste, que registrou participação de 22,6% em 2011, passou a perder participação relativa desde então.

Ainda que Goiás se encontre entre os quatro estados com maior participação no setor primário da economia em 2019, a região Sul apresenta importante expansão, passando de 24,8%, em 2011, para 28,5%, em 2019.

A região Sudeste lidera com folga a indústria extrativa mineral para qualquer período, tendo alcançado 82,5% em 2014 e 75% em 2019, índice puxado pelo estado do Rio de Janeiro (Tabela 1). A região Norte assume o segundo lugar, com a produção mineral concentrada no estado do Pará, que alcançou participação mais elevada em 2017, com 22,4%.

Tabela 1 – Participação das Grandes Regiões e Unidades Federativas selecionadas no Valor Adicionado Bruto das atividades econômicas do setor primário, 2019

Agricultura	(%)	Pecuária	(%)	Indústria extrativa mineral	(%)
Sul	27,8	Sul	28,5	Sul	1,0
Sudeste	22,1	Sudeste	19,8	Sudeste	75,1
Centro-Oeste	23,8	Centro-Oeste	17,1	Centro-Oeste	1,2
Norte	7,5	Norte	14,9	Norte	18,5
Nordeste	18,8	Nordeste	19,6	Nordeste	4,3
TOTAL GR	100		100		100

Continua →

Agricultura	(%)	Pecuária	(%)	Indústria extrativa mineral	(%)
São Paulo	13,1	Paraná	11,5	Rio de Janeiro	47,2
Rio Grande do Sul	12,8	Rio Grande do Sul	9,8	Pará	17,5
Mato Grosso	11,4	Minas Gerais	9,6	Minas Gerais	14,1
Paraná	11,3	Goiás	8,7	São Paulo	7,6
Minas Gerais	7,1	Santa Catarina	7,2	Espírito Santo	6,2
Soma das 5 UF com maior participação	55,7		46,8		92,6

Fonte: IBGE, Órgãos Estaduais de Estatística, Secretarias Estaduais de Governo e Superintendência da Zona Franca de Manaus (Suframa). Elaboração própria.

A produção extrativa mineral do estado do Pará representa mais de 90% da produção setorial da região Norte, o que revela participação inexpressiva das demais UF daquela região. A concentração espacial da produção setorial tem sido um padrão na economia brasileira. Das 27 UF da nação, 6 concentram 63% da produção agrícola, outras 6 concentram 54% da pecuária, e apenas 3 concentram 79% da indústria extrativa mineral.

É fato que as exportações cresceram de forma espantosa entre 1997 e 2021, registrando aumento de 430%, um salto de US\$ 53 bi para US\$ 281 bi, em 24 anos (Gráfico 2). As importações acompanharam o mesmo ritmo, sobretudo pela dependência do setor produtivo nacional da importação de insumos industriais e máquinas e equipamentos.

Gráfico 2 – Brasil: evolução das exportações e importações (US$ 1 bi FOB)

Fonte: Ministério da Economia, Secretaria de Relações Exteriores. Elaboração própria.

Em especial, as compras externas de máquinas e equipamentos registraram crescimento de 188% entre 1997 e 2021, passando de US$ 26 bi para US$ 75 bi, e representando participação média de 40% sobre o conjunto das importações. O bom desempenho das exportações líquidas foi determinante para a evolução do saldo de reservas internacionais do país.

Há algumas singularidades a destacar das relações comerciais do Brasil com o mercado externo que reforçam a tese de dependência apontada por Marini, Furtado e Santos.[5] A primeira é a mudança na composição da balança comercial, cujos produtos de baixo valor agregado apresentaram elevação, enquanto máquinas e equipamentos tiveram redução de participação nas exportações. Essa inversão expõe o agravamento da condição de subordinação aos países com domínio tecnológico.

A segunda singularidade corresponde ao avanço dos danos colaterais decorrentes dos impactos ambientais associados ao avanço

[5] Marini, 2017; Furtado, 2007; Santos, 2014.

do extrativismo mineral, do extrativismo vegetal e da agropecuária. A terceira singularidade corresponde à utilização da renúncia fiscal e do subassalariamento como instrumentos artificiais de vantagem competitiva.

Por fim, ocorre a transferência de riqueza não contabilizada (água, ativos minerais não renováveis, solo empobrecido e devastação de reservas florestais), cujos *royalties*, quando recebidos pelo Estado, nem sempre chegam ao conjunto da população. O resultado dessa equação se reflete no recuo de participação do país no PIB mundial, tema já tratado aqui em capítulo anterior.

No que tange à reprimarização, ela se expressa melhor pelas lentes da balança comercial externa, em que as exportações líquidas representam menos de 3% do PIB, em média. Examinando a evolução do VAB de 1985 a 2019, mesmo com diferentes bancos de dados e diferentes metodologias de aferição, constata-se a redução da participação tanto na indústria de transformação quanto na agropecuária (Gráfico 4), todavia, com diferentes trajetórias por UF.

Ao tomar como referência o conjunto dos dados agregados para um país de dimensão continental, pode-se alcançar uma avaliação mais ampla da situação nacional ao longo do tempo. De Norte a Sul, o Brasil conseguiu reproduzir nos microterritórios singularidades que vão da África aos países nórdicos.

Examinando área de plantio por hectare, constata-se queda na região Nordeste e crescimento expressivo nas regiões Norte e Centro-Oeste, no período de 1988 a 2020, o que reforça a tese de que a reprimarização pode ser um fenômeno localizado, conforme variação da área de plantio registrada no Gráfico 3. O mesmo movimento ocorre para o rebanho bovino, com variações positivas mais expressivas para as regiões Norte e Centro-Oeste.

Gráfico 3 – Variação (%) da área plantada ou destinada à colheita de lavouras permanentes e temporárias, por Grandes Regiões, em hectares, 1988-2020

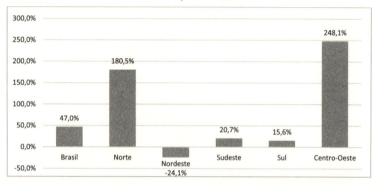

Fonte: IBGE, Pesquisa da Pecuária Municipal 2020. Elaboração própria.

É fato que boa parte da produção agropecuária está registrada como indústria de transformação, a exemplo de açúcares e produtos alimentícios semimanufaturados (derivados da soja, carnes, laticínios, farelos diversos etc.), mas esse é um setor que também vem perdendo vitalidade, conforme se observa no Gráfico 4. Outro elemento que pode comprometer a mensuração contábil do setor primário é a elevada taxa de informalidade, especialmente nas regiões periféricas, onde a sonegação de informação é incentivada pela baixa fiscalização.

Gráfico 4 – Participação das atividades econômicas no Valor Adicionado Bruto do Brasil (%), 1985-2019

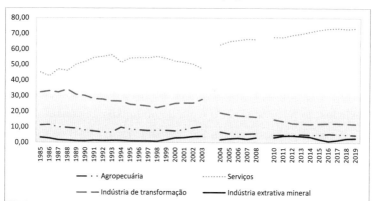

Fonte: IBGE, Órgãos Estaduais de Estatística, Secretarias Estaduais de Governo, Suframa, Diretoria de Pesquisas e Coordenação de Contas Nacionais. Elaboração própria.

O quadro geral baseado nas exportações e na balança comercial interestadual revela que as UF que se destacaram ao longo das duas primeiras décadas do século XXI, com taxa de crescimento da produção anual acima da média nacional, foram alçadas pela tríade pecuária--agricultura-extrativismo, cuja produção está predominantemente orientada ao mercado externo. Todavia, outro detalhe que não passou despercebido é que, na região Norte, a renda média permaneceu muito abaixo da média nacional, mesmo para os estados do Pará ou de Tocantins, o que denuncia a incapacidade de aproveitamento dessa acumulação de capital pelo conjunto da classe trabalhadora. O Centro--Oeste, por sua vez, avançou relativamente pouco.

De 1985 a 2003, a participação do Centro-Oeste no VAB nacional da agropecuária passou de 7,5% para 14,3%, com maior variação para o estado de Mato Grosso, que passou de 1,2% para 4,9%, todavia com melhor desempenho na agricultura (11,4%), conforme já registrado na

Tabela 1. Internamente, a participação da agropecuária no VAB do estado de Mato Grosso subiu de 20,3% em 1985 para 36,3% em 2003. No VAB de todas as atividades, o Centro-Oeste passou de 6% para 10,2%, com destaque para Mato Grosso, a julgar por sua variação na participação relativa (199%), mas é o Distrito Federal que responde por quase 40% do VAB da região, com mais de 90% de seu PIB concentrado em serviços. Mato Grosso foi o que mais cresceu em participação relativa, mas é o segundo no *ranking* regional.

A participação da região Sul, por sua vez, no VAB de todas as atividades aumentou no período de 1985 a 2003 e diminui no período de 2003 a 2019, apresentando um crescimento pouco expressivo entre 1985 e 2019 (4%). Mesmo assim, essa é uma região com elevada vantagem competitiva em relação às três periféricas, pelas lentes tanto da balança comercial externa quanto da balança comercial interestadual, além de responder pela segunda melhor renda média do trabalho e pela menor taxa de desocupação para qualquer período considerado. Lidera os indicadores sociais com menor taxa de mortalidade infantil, maior expectativa de vida ao nascer e menor proporção de famílias vivendo abaixo da linha de pobreza.

Nesse movimento dinâmico (entre 1985 e 2019), quando a região Sudeste perdeu participação (-13%) na composição do VAB e as regiões Norte (63%) e Centro-Oeste (70%) registraram elevação de participação, o Nordeste registrou variação positiva de apenas 1%, passando de 13,43% para 14,43%. O problema dessa estagnação da região Nordeste é sua condição periférica associada a sérias questões sociais, como mortalidade infantil, baixa escolaridade, elevada taxa de desocupação, baixa renda média do trabalho e expressiva parcela da população vivendo em condição de pobreza ou extrema pobreza. Essa participação relativa da produção no VAB em face de uma participação demográfica de 27% impõe à região posição líquida negativa na balança comercial interestadual, o que contribui para a demanda efetiva de outras regiões na condição de mero mercado consumidor.

Desde os anos 1980, agropecuária, indústria extrativa e indústria de transformação vêm perdendo participação relativa no VAB, enquanto comércio e demais atividades que integram o setor de serviços vêm crescendo com muita consistência (Gráfico 4). Embora existam problemas metodológicos que dificultam a comparação entre bancos de dados de distintos períodos, é fato que a popularização da internet e a de equipamentos eletrônicos, além da utilização de plataformas digitais, reorganizaram o setor de serviços, expandindo a mercantilização de atividades que sequer podiam ser imaginadas até os anos 1980.

4.2 A influência das balanças comerciais externa e interestadual sobre a dinâmica da economia nacional com base nas Grandes Regiões

Ao considerar a evolução das exportações líquidas e do saldo da balança interestadual sobre as UF, percebe-se que, entre 2017 e 2019,[6] a taxa de crescimento apresenta variações importantes, tanto abaixo como acima da média nacional. Isso, com base no Sistema de Contas Regionais do IBGE, agregado aos dados disponibilizados pelo Conselho Nacional de Política Fazendária (Confaz)[7] e pela Secretaria de Comércio Exterior.

Na fase correspondente ao esforço para integrar a economia nacional, substituindo o mercado consumidor externo pelo mercado doméstico, a economia brasileira manteve a dependência ao mercado externo fundamentalmente para a formação de capital, imprescindível

---

[6] O Conselho Nacional de Política Fazendária (Confaz) disponibiliza dados sobre a balança interestadual, com base na nota fiscal eletrônica, a partir de 2017; o IBGE disponibiliza dados sobre o PIB até 2019 (até a conclusão deste capítulo).

[7] Para acessar a página *on-line*, conferir: <https://www.confaz.fazenda.gov.br/balanca-comercial-interestadual>. Acesso em 5/8/2022.

à consolidação da indústria nascente. Mas o isolamento regional foi sendo substituído por relações comerciais intrarregionais cada vez mais intensas, à medida que a população crescia e avançava a urbanização no país.

De 1940 a 1980, por exemplo, a população brasileira saltou de pouco mais de 41 milhões para 119 milhões de habitantes,[8] elevando a proporção de domicílios localizados na área urbana. Essa nova arquitetura demográfica exigia um aumento de investimentos públicos em infraestrutura de transporte e comunicação para viabilizar o comércio interno.

Graças a esse esforço, em 1988, o IBGE registrou participação de 34% da indústria de transformação no VAB, força motora da economia nacional, embora mais de 54% estivessem concentrados no estado de São Paulo. Naquele ano, foi isso que produziu algum grau de desconcentração da atividade produtiva no recuo da atividade industrial como proporção do VAB.

A produção de manufaturados encontrava no mercado doméstico seu principal destino, sob a proteção de barreiras à importação, ao mesmo tempo que os estados periféricos, integrados de forma subordinada, enviavam para o centro dinâmico sua força de trabalho excedente, seus insumos e a renda do trabalho, em troca da produção industrial. O Brasil reproduzia, a partir do movimento nacional de integração comercial, a relação de dependência e subordinação centro-periferia própria do sistema capitalista mundial.

A economia brasileira, após superar o período de isolamento regional do século XIX e montar uma estrutura arrojada de substituição de importação, caminhava rumo à consolidação da indústria nacional. Nos anos 1980, contudo, ocorreu a surpresa da precoce perda de vigor da indústria de transformação, ainda antes de alcançar a maturidade.

---

[8]   IBGE, 1986.

Assim, com o Brasil incapaz de assegurar a condição de superar a dependência e a subordinação aos países desenvolvidos, uma fração expressiva da população prevaleceu sem acesso a equipamentos domésticos básicos. Em 2002, 66% da população brasileira não tinha acesso a máquina de lavar e 13,4% não tinha acesso a geladeira, índices que caíram para 39% e 2%, respectivamente, em 2015, mas com maior carência nas UF mais empobrecidas, concentradas no Nordeste.

A demanda potencial por bens de consumo duráveis no Brasil se reflete até mesmo na condição de acesso dos domicílios das regiões com maior rendimento médio do trabalho, uma vez que 1/4 dos domicílios da região Sudeste não tinham acesso a máquina de lavar, em 2015 (Gráfico 5).

Gráfico 5 – Domicílios particulares permanentes sem geladeira ou máquina de lavar roupa, Brasil e Grandes Regiões (%)

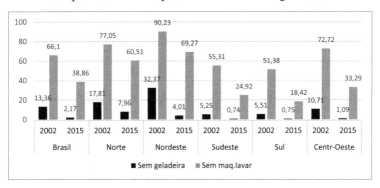

Fonte: IBGE, Pesquisa Nacional por Amostra de Domicílios (PNAD). Pesquisa Básica. Elaboração própria.

Mesmo tomando por referência as UF periféricas que têm se destacado na produção e na exportação das *commodities* da agropecuária e da mineração, constata-se que, para o mesmo ano, 62% dos domicílios de Mato Grosso não tinham acesso a máquina de lavar, e 22% não tinham geladeira.

Essa realidade foi sendo mudada com a expansão do gasto social no período de 2003 a 2015. Com relação a equipamentos eletrônicos, grande parte do consumo doméstico é importado ou montado no Brasil a partir de peças e *softwares* importados.

Em relação ao volume do PIB durante a década de 2010, constata-se que, para algumas UF, o desempenho foi muito abaixo e, para outras, muito acima da média nacional (6,8%), a exemplo de Mato Grosso, Mato Grosso do Sul, Tocantins e Roraima.

A região Centro-Oeste apresentou o melhor resultado, seguida pela região Norte, mas a região Sudeste registrou crescimento (2,2%) muito abaixo da média nacional (Gráfico 6), o que sugere um aumento médio anual próximo de zero. Todavia, a despeito da quase ausência de crescimento, suas UF apresentaram renda mensal do trabalho, em 2019, muito acima daquela dos estados do Norte, do Nordeste e do Centro-Oeste, graças à participação relativa nos subsetores de mais elevada remuneração, a saber, extrativismo mineral e atividades de intermediação financeira.

Gráfico 6 – Série encadeada do volume do Produto Interno Bruto, 2010-2019 (%)

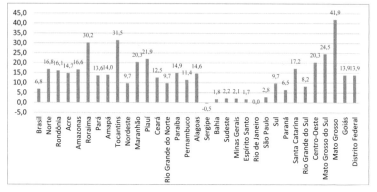

Fonte: IBGE, Órgãos Estaduais de Estatística, Secretarias Estaduais de Governo e Suframa. Elaboração própria.

Isso significa que a desconcentração registrada na participação relativa no VTI e no VAB não afetou de forma significativa a hegemonia do Sudeste, assegurada por fatores estruturais. A renda média mensal de todos os trabalhos do estado de São Paulo, em 2019, estava 26,2% acima da média nacional, enquanto as rendas de Mato Grosso, Tocantins e Roraima estavam, respectivamente, 2,3%, 18,8% e 4,9% abaixo.

No estado de Mato Grosso do Sul, ficou 3,2% acima. De todo modo, para qualquer período, o Nordeste apresenta o menor rendimento médio, seguido pelo Norte, enquanto o Sudeste e o Sul, os maiores.

A seguir, apresenta-se a análise da relação dos dados das balanças comerciais (externa e interestadual) com os da participação na produção nacional, por região. Destaca-se o conjunto das UF com desempenho mais expressivo, de modo a contribuir para a compreensão da dinâmica recente da economia nacional. O rendimento médio e a taxa de desocupação podem ser duas variáveis importantes na composição desse painel.

4.2.1 Região Sudeste

A região Sudeste tem representação demográfica de 42% e lidera as exportações brasileiras (48% em 2021), os saldos líquidos da balança comercial interestadual e a participação no VAB de todas as atividades (52,3% em 2019). Destaca-se na indústria de transformação (55%) e na extrativa mineral (75%), bem como no setor de serviços (64%) e nas atividades financeiras (66,5%).

O estado de São Paulo está no topo da lista dos exportadores, seguido por Rio de Janeiro e Minas Gerais, embora venha apresentando saldo negativo desde 2008 e perda expressiva na participação relativa das exportações anuais, caindo, de 1997 a 2021, de 36% para 19% (Gráfico 7). No caso de São Paulo, o desempenho negativo na balança comercial externa ocorre desde 2008, ao passo que o saldo na balança interestadual tem superado com folga o saldo das exportações líquidas (corrigido pela taxa de câmbio de cada ano). Em média, o saldo positivo na balança comercial interestadual tem correspondido a quatro vezes ou mais o saldo das exportações líquidas, o que concede ao estado paulista a centralidade dinâmica na economia nacional. Ao comparar a ocupação de terras para fins de atividade agropecuária, São Paulo registra relação de produção com área de cultivo superior àquelas dos demais estados, o que revela a sua força competitiva mesmo no setor primário, no qual tem perdido importante participação relativa.

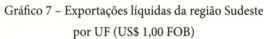

Gráfico 7 – Exportações líquidas da região Sudeste por UF (US$ 1,00 FOB)

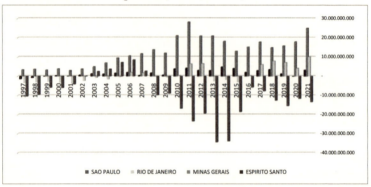

Fonte: Ministério da Economia, Secretaria de Relações Exteriores. Elaboração própria.

A região Sudeste perdeu oito pontos percentuais de participação relativa nas exportações durante o período de 1997 a 2021. No ano 1997, por exemplo, respondeu por 56% do total das exportações, seguindo na liderança nacional (Gráfico 8).

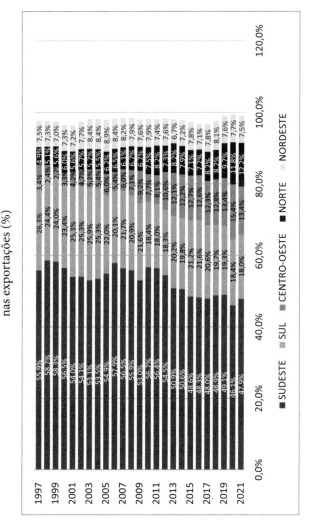

Gráfico 8 – Brasil: participação das Grandes Regiões nas exportações (%)

Fonte: Ministério da Economia, Secretaria de Relações Exteriores. Elaboração própria.

Nota-se, portanto, que os elementos estruturais do passado que definiram a concentração da atividade produtiva na região, quando prevalecia o movimento geral de integração nacional, seguem ainda na atualidade permitindo centralizar os setores mais dinâmicos da economia nacional.

Com o maior volume de produção, os melhores recursos físicos e a concentração das instituições de pesquisa, a região Sudeste assegura o maior rendimento do trabalho e as melhores ocupações. Com esses requisitos, essa região dispõe ainda do mercado doméstico como o principal destino de sua produção.

Mesmo perdendo participação no PIB nacional, puxado pelo processo de desindustrialização e desconcentração da atividade produtiva, desde os anos 1980, o estado de São Paulo tem apresentado participação acima de 30% no PIB do país[9] para uma representação demográfica de apenas 22%.[10] Isso revela um PIB *per capita* muito superior à média nacional, assim como uma renda média do trabalho acima daquelas de quase todas as demais UF.

O poder de compra das famílias, somado ao consumo do governo (subnacional), ao investimento das empresas com sede no próprio território e às exportações líquidas em geral, define a força da demanda efetiva dos estados mais ricos. A composição da infraestrutura produtiva, a concentração dos setores mais dinâmicos e a remuneração mais elevada do trabalho, com o suporte de instituições de ensino, pesquisa, ciência e tecnologia, garantiram ao estado paulista uma pauta exportadora de maior valor agregado, comparativamente aos estados periféricos.[11]

Por fim, vale comparar a estratificação da população ocupada de 14 anos ou mais de idade por renda de todos os trabalhos para

---

[9] IBGE, Sistema de Contas Regionais, 2021.
[10] IBGE, Censo 2022.
[11] Silva, 2019, pp. 78-85.

as regiões Sudeste e Nordeste, com destaque para São Paulo e Piauí. Enquanto 28% da população do estado de São Paulo auferia renda acima de 3 salários-mínimos, no Piauí esse grupo representava apenas 11%, com o agravante de 36% não receber renda ou auferir renda mensal de até 1/2 salário mínimo, em 2020, o que explica a concentração da extrema pobreza no Nordeste e a consequente dependência de transferências constitucionais (Gráfico 9).

Gráfico 9 – População ocupada de 14 anos ou mais de idade, por intervalo de rendimento mensal de todos os trabalhos, 2020

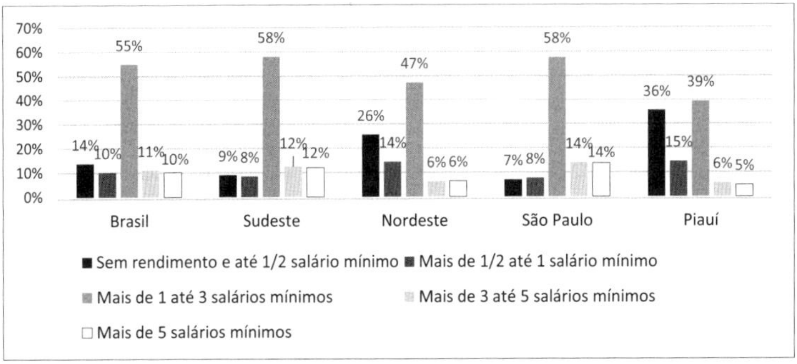

Fonte: IBGE, Microdados da PNAD Contínua. Elaboração própria.

4.2.2 Região Nordeste

Trata-se de uma região com graves problemas estruturais e rebatimento sobre o tecido social, a qual demonstra incapacidade de superação da condição de subordinação econômica ao centro dinâmico da economia nacional, desde a tentativa de integração da economia nacional.

Com participação de 14,1% no PIB nacional registrada em 1985, a região Nordeste decresceu para 12,8% em uma década, retornando a 14,2% em 2019. Em 34 anos, a região tem registrado participação no PIB de aproximadamente 50% de sua representação demográfica.

Entre 2002 e 2019, a região elevou sua participação relativa no PIB nacional; todavia, com variação muito modesta, passando de 13,1% para 14,2%. No que tange ao VTI, elevou sua participação relativa entre as décadas de 1960 e 1990, mas estagnou no período seguinte, cristalizando, assim, a condição de subordinação aos produtores de manufatura, notadamente, ao estado de São Paulo.

A prevalência da estagnação regional se reproduz na balança comercial externa, na qual, em 1997, o Nordeste registrou participação de 7,5% e fechou, em 2021, com os mesmos 7,5%. Na agricultura, a área de plantio para as culturas permanentes e temporárias sofreu redução acima de 40% entre 1988 e 2019, o que confirma a perda de participação na agropecuária, bem como na indústria de transformação.

Mesmo com a ampliação relativa no PIB, não houve reposicionamento no *ranking* regional, visto que o menor PIB *per capita* médio segue sendo o do Nordeste (Gráfico 10).

Gráfico 10 – PIB per capita anual das Unidades Federativas, 2019 (R$ 1,00)

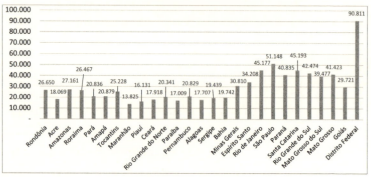

Fonte: IBGE, Órgãos Estaduais de Estatística, Secretarias Estaduais de Governo e Suframa. Elaboração própria.

Isso é muito comum nas regiões Norte e Nordeste, o que revela que a renda e os indicadores sociais estão relacionados a elementos estruturais e não a fatores isolados ou à dinâmica da conjuntura econômica. Para alguns estados, as condições estruturais são tão críticas que, mesmo com o PIB crescendo 200%, eles permanecem na mesma posição.

Entre 1997 e 2021, por exemplo, o estado do Piauí elevou a sua participação nas exportações em 163%, apresentando, em 2019, a segunda renda média *per capita* mais baixa do país entre as 27 UF. Em 2020, enquanto a renda média de todas as ocupações para trabalhadores com 15 anos ou mais de estudo era de R$ 6.419,00 no estado de São Paulo, no Piauí correspondia a R$ 3.088,00.[12]

Ao contrário das regiões Norte e Centro-Oeste, que, na condição de regiões periféricas, registraram avanço no que se refere à participação relativa no PIB nacional, nas exportações e na balança comercial interestadual, a região Nordeste permaneceu quase estagnada. A sua participação relativa em qualquer setor ou subsetor se mostrou muito abaixo dos 27% da representação demográfica, o que se reflete na insuficiência de geração de emprego e renda para o conjunto da população, haja vista a elevada taxa de desocupação para qualquer ano da série.

Em 2020, por exemplo, o Nordeste registrava 26% da população ocupada de 14 anos ou mais de idade com renda mensal de até 1/2 salário mínimo, enquanto o Brasil registrou 14%, e o Sudeste 9% (Gráfico 11). Na outra ponta, para a população ocupada com mais de 5 salários-mínimos, Alagoas aparecia com 4,4%, o Brasil com 10% e São Paulo com 14%.[13]

Essa estratificação da população ocupada está fortemente correlacionada com a frágil infraestrutura produtiva, acrescida do contido grau de escolaridade da população adulta. Mesmo no setor de serviço, que, somado ao de comércio, acomodava 70% da população

---

[12] IBGE, PNADC/T.
[13] *Idem.*

em atividade no 2º trimestre de 2022, os postos de trabalho são compatíveis com atividades de baixa complexidade e baixa exigência de qualificação técnica ou formação acadêmica.

Não por acaso, no segundo trimestre de 2022, o IBGE indicou que o Brasil registrou a taxa de informalidade entre o total de ocupados de 48,5%. No Nordeste a taxa de informalidade alcançou 61% e na região Sul, 41% do total dos ocupados. E, para qualquer período tomado por referência, a taxa de desocupação é mais elevada na região Nordeste (Gráfico 11).

Gráfico 11 – Taxa de desocupação por Grandes Regiões, 4º trimestre (%)

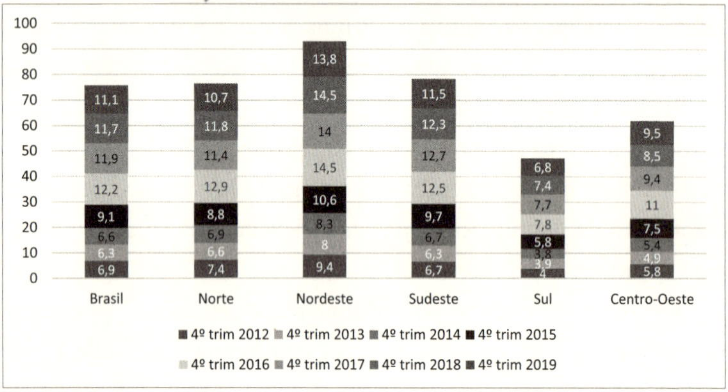

Fonte: IBGE, PNAD Contínua trimestral. Elaboração própria.

Examinando a balança interestadual, os nove estados nordestinos registraram saldo negativo para quase todos os anos do intervalo de 2017 a 2022, com exceção de Pernambuco no intervalo de 2017 a 2019. Na balança comercial externa, desde 2007 a região tem registrado saldo de exportações líquidas negativo, especialmente para Pernambuco e Sergipe.

Tabela 2 – Saldo da balança interestadual por Grandes Regiões e Unidades Federativas (R$ 1,00 bi)

	2017	2018	2019	2020	2021	2022*
Nordeste	**-139**	**-151**	**-160**	**-222**	**-350**	**-189**
Alagoas	-9	-11	-12	-14	-22	-15
Bahia	-20	-21	-28	-42	-82	-51
Ceará	-29	-36	-36	-43	-60	-28
Maranhão	-21	-18	-16	-29	-35	-22
Paraíba	-17	-18	-18	-21	-41	-17
Pernambuco	4	5	5	-9	-8	-1
Piauí	-20	-19	-22	-25	-38	-25
Rio Grande do Norte	-17	-20	-19	-25	-45	-19
Sergipe	-10	-13	-14	-14	-19	-11
Sudeste	**73**	**111**	**124**	**150**	**235**	**151**
Espírito Santo	-3	0	15	22	39	34
Minas Gerais	-28	-8	-5	-15	-6	0
Rio de Janeiro	-57	-59	-67	-64	-87	-32
São Paulo	161	178	181	207	289	149
Centro-Oeste	**-45**	**-52**	**-68**	**-45**	**-142**	**-80**
Distrito Federal	-44	-43	-48	-48	-84	-39
Goiás	4	1	1	0	-19	-15
Mato Grosso do Sul	13	17	13	15	19	8
Mato Grosso	-18	-27	-34	-12	-58	-34
Sul	**107**	**80**	**97**	**121**	**259**	**110**
Paraná	17	8	21	33	49	15
Rio Grande do Sul	4	5	4	1	2	**-8**
Santa Catarina	86	67	72	87	208	103
Norte	**6**	**14**	**7**	**-4**	**-2**	**8**
Acre	-5	-5	-6	-7	-13	-6
Amazonas	60	70	78	87	164	77
Amapá	-4	-4	-5	-6	-7	-4

Continua →

	2017	2018	2019	2020	2021	2022*
Pará	-32	-31	-37	-46	-75	-27
Roraima	0	-1	-4	-7	-21	-8
Rondônia	-4	-5	-7	-10	-19	-10
Tocantins	-9	-10	-12	-15	-31	-14

Fonte: Confaz. Elaboração própria. * Saldo parcial.

Se os saldos líquidos das duas balanças são negativos e por tão longo tempo, fica evidente a dificuldade de superação dos gargalos estruturais, mantidos desde a tentativa de integração comercial. A condição de subordinação permanece cristalizada, assim como a captura do poder político pelas oligarquias agrárias, ávidas pelos fundos públicos para viabilizar o circuito de valorização patrimonial.

O problema do Nordeste é complexo, por envolver as dimensões política, econômica, cultural e social. A pobreza é cultivada como um ativo político relevante para a recondução das oligarquias estéreis ao parlamento e ao Poder Executivo, nas três esferas de governo.

Para qualquer período analisado, a região Nordeste apresenta as taxas mais elevadas de desocupação e informalidade. Acomoda mais de 50% da população em condição de pobreza e extrema pobreza, a julgar pelo percentual de famílias beneficiárias dos programas de transferência direta de renda.

Para Celso Furtado, o baixo dinamismo da economia nordestina prevaleceu nas décadas de 1960 a 1980, mesmo registrando o desempenho acima da média nacional para alguns indicadores e em alguns anos. A partir da década de 1990, com a dominância do receituário neoliberal, a região mergulhou em um processo de quase estagnação, com algumas exceções de resultados pouco efetivos.

Associando os dados da Tabela 2 àqueles das exportações líquidas para o período entre 1997 e 2021 (Gráfico 12), constata-se que o Nordeste é um grande importador de muito do que consome. O que exporta está concentrado no setor primário e em manufaturados derivados do extrativismo mineral e da agropecuária, com baixo encadeamento produtivo a jusante e a montante, brutal concentração patrimonial e baixo retorno ao conjunto da população.

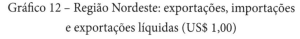

Gráfico 12 – Região Nordeste: exportações, importações e exportações líquidas (US$ 1,00)

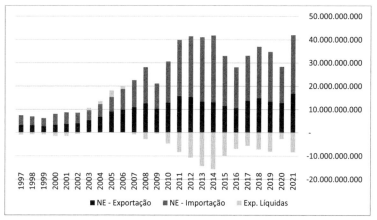

Fonte: Ministério da Economia, Secretaria de Relações Exteriores. Elaboração própria.

Se a economia nacional enfrenta um processo de reprimarização, a nordestina, que sempre esteve sob o domínio das oligarquias agrárias, manteve o domínio do setor primário nas esferas política e econômica. Talvez aí resida a explicação para tamanho atraso: concentração fundiária com barreiras à inovação como projeto de manutenção do poder, já denunciado oportunamente por Wilson Cano.[14]

O grande problema da economia do Nordeste é a baixa capacidade de articulação produtiva e comercial entre suas UF, com subutilização de seu mercado consumidor e baixo encadeamento intersetorial, resultando em baixo dinamismo, já apontado por

---

[14] Cano, 2007.

Celso Furtado e Wilson Cano. Acrescente-se a isso a concentração fundiária, outro grande entrave abordado pelos dois autores: "A pobreza em massa, característica do subdesenvolvimento, tem com frequência origem numa situação de privação original do acesso à terra e à moradia. Essa situação estrutural não encontra solução através dos mecanismos dos mercados".[15]

4.2.3 Região Sul

O processo de desconcentração da atividade industrial no Brasil percorreu três fases: a primeira, que favoreceu o interior do estado de São Paulo; a segunda, que acelerou a região Sul; e a terceira, que se espalhou para as demais regiões periféricas. A proximidade do Sul ao Sudeste, com melhor infraestrutura de produção e escoamento, associada ao perfil da população imigrante que representou parcela da composição demográfica da região, garantiu ritmo de crescimento relativamente rápido, acompanhado de avanços nos indicadores sociais.

Contou também para isso o passado da transição do trabalho escravo para o assalariado. Ademais, os elementos culturais foram importantes para a definição das relações laborais e a construção de um processo de desenvolvimento em bases mais sólidas do que as condições enfrentadas por Norte e Nordeste.

De 1985 a 2003, por exemplo, a participação do Sul no PIB nacional passou de 17% para 18,6%.[16] Com participação demográfica de 14,7% no total da população nacional de 2003, seu PIB *per capita* era muito superior ao da região Nordeste, que representa 27,8% do total dos brasileiros e 13,8% do PIB nacional, conforme se observa no Gráfico 13.

---

[15] Furtado, 1992, p. 55.
[16] IBGE, Sistema de Contas Regionais.

Gráfico 13 – Grandes Regiões do Brasil: participação demográfica e no Produto Interno Bruto nacional em anos selecionados (%)

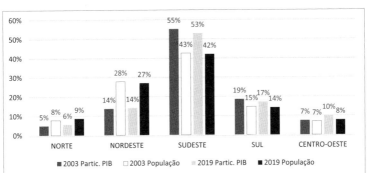

Fonte: IBGE, PNAD Contínua Anual e Diretoria de Pesquisas, Órgãos Estaduais de Pesquisa e Secretarias Estaduais de Estatística, Suframa. Elaboração própria.

Essas informações quantitativas contribuem para a explicitação do abismo que continua a separar as regiões Norte e Sul do país. Ao atualizar os dados relativos à contabilidade regional do Brasil para o ano 2019, percebe-se a continuidade das disparidades entre representação demográfica e participação no PIB.

A região Nordeste, seguida pela região Norte, segue se destacando pela disparidade entre densidade demográfica e participação no PIB, enquanto Sul e Sudeste asseguram melhor posicionamento e condição confortável, a despeito do recuo da participação relativa na produção nacional.

As regiões Sul e Sudeste respondem, em grande medida, pelo abastecimento do mercado doméstico com pauta variada, ainda que os produtos de alta tecnologia e maior valor agregado sejam importados ou apenas montados no Brasil. Nesse sentido, confirma-se o movimento de desmodernização nacional desde a virada para o século XXI.

Analisando-se as balanças comerciais externa e interestadual, constata-se que o conjunto das UF que compõem a região Sul tem mantido saldos líquidos positivos nas duas balanças na maior parte do período examinado e figura entre os oito maiores exportadores do país. Em 25 anos, por exemplo, a região apresentou saldo negativo das exportações líquidas em apenas 5 deles (Gráfico 14).

Gráfico 14 – Saldo das exportações líquidas da Região Sul, 1997-2021

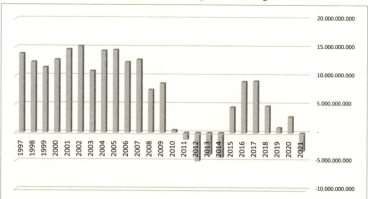

Fonte: Ministério da Economia, Secretaria de Relações Exteriores. Elaboração própria.

Essa combinação de elementos converge com a baixa taxa de desocupação para qualquer período analisado. Embora o Sudeste seja grande exportador de *commodities*, é elevada a sua integração espacial com a economia nacional, diferentemente do que ocorre nas regiões Centro-Oeste e Norte. A demanda efetiva das três UF que compõem a região Sul ultrapassa, portanto, suas fronteiras territoriais e sua representação demográfica (14%).

4.2.4 *Região Centro-Oeste*

A região Centro-Oeste é a que tem apresentado melhor desempenho no período recente. Desde a década de 1990, a desconcentração da atividade industrial e a expansão do setor de serviços combinaram-se com a recuperação do modelo primário-exportador.

Essa expansão tem sido puxada majoritariamente pelo agronegócio, com o salto na produção de grãos, seguida da pecuária. A sua participação no PIB aumentou de 4,8%, em 1985, para 9,9%, em 2019.

Pela análise da balança comercial interestadual (Tabela 2), a região apresenta saldo negativo para todo o período de 2017 a 2022, com exceção do estado de Mato Grosso do Sul. Já em relação à balança comercial externa, as exportações do Centro-Oeste responderam por 15,4% do total, sendo 8,7% creditados à conta de Mato Grosso. Nenhuma região contribuiu tanto para o saldo das exportações líquidas quanto o Centro-Oeste (Gráfico 15).

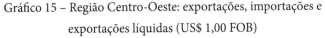

Gráfico 15 – Região Centro-Oeste: exportações, importações e exportações líquidas (US$ 1,00 FOB)

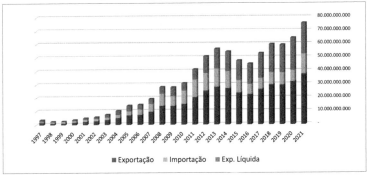

Fonte: Ministério da Economia, Secretaria de Relações Exteriores. Elaboração própria.

Em 2020, por exemplo, a região Centro-Oeste registrou um saldo das exportações líquidas no valor de US$ 24 bilhões, enquanto a região Sudeste registrou US$ 10,5 bilhões. De 2012 a 2020, as exportações líquidas do Centro-Oeste têm superado as da região Sudeste. As duas regiões possuem representação demográfica de 7,5% e 42%, respectivamente.

De 1997 a 2021, a participação da região Centro-Oeste nas exportações passou de 3,4% para 13,4% (Gráfico 8), com destaque para o estado de Mato Grosso (Gráfico 16). Esse bom resultado foi refletido em outros indicadores, a exemplo de taxa de ocupação e renda média mensal, embora a pesquisa ora em curso não reflita, até o fechamento desta publicação, a concentração de renda no interior das UF.

Gráfico 16 – Evolução da participação do estado de
Mato Grosso na balança comercial externa (%)

Fonte: Ministério da Economia, Secretaria de Relações Exteriores. Elaboração própria.

As regiões Sul e Sudeste, que respondiam por 82% das exportações brasileiras em 1997, recuaram para 66% em 2021. Essa diferença de 16 pontos percentuais foi incorporada pelas duas regiões periféricas com participação habitualmente menos expressiva (Norte e Centro-Oeste). Já a região Nordeste permaneceu, nesses 36 anos, com participação de 7,5%, embora tenha chegado a 8,9% em 2005, quando alcançou seu melhor resultado.

Ainda que as exportações líquidas na região Centro-Oeste tenham se elevado de forma extraordinária, é importante ressaltar que sua taxa de crescimento no VAB não aumentou na mesma proporção, o que expõe o baixo valor agregado dessa produção em comparação ao centro dinâmico da economia nacional, que segue concentrando a produção industrial, assim como os setores mais dinâmicos. É possível perceber também, pelo conjunto de dados até agora apresentado, que a especialização da produção, alinhada com a reprimarização, está concentrada nas regiões Norte e Centro-Oeste.

4.2.5 Região Norte

A região Norte apresenta movimento muito semelhante ao da região Centro-Oeste. Pelas lentes da sustentabilidade ambiental, tem sido a mais espoliada e agredida, com sacrifício não apenas de seus recursos naturais, mas também de sua população nativa, vítima da voracidade do capital, que tem avançado impiedosamente, favorecido por representação parlamentar descomprometida com o desenvolvimento regional.

A região cresceu com importante vigor e a taxas acima da média nacional para PIB e VAB no período entre 1985 e 2019. Ao contrário das regiões Sul, Sudeste e Centro-Oeste, por exemplo, detinha em 2019 participação relativa no PIB do país abaixo de sua representação demográfica.

Também pelas lentes da balança comercial interestadual, o único estado com saldo positivo para o período entre 2017 e 2022 foi o Amazonas. Seu bom desempenho, portanto, esteve puxado pelas exportações, concentradas em mineração e agropecuária.

O estado do Pará se destacou, respondendo por 17,5% do VAB da indústria extrativa mineral, além de ser o 4º maior exportador do país. No caso do estado do Amazonas, registrou-se um recuo de participação relativa no VAB do país, o que reflete certa perda de vigor da produção industrial, especialmente da Zona Franca de Manaus.

Nesse sentido, as regiões Norte e Centro-Oeste se tornaram a expressão principal do que tem sido definido como especialização da produção regional e reprimarização da pauta de exportação. Embora sejam regiões caracterizadas pela condição de consumidoras de manufaturas produzidas, em geral, no Sudeste, bem como importadoras de insumos industriais, destacam-se por destinar grande parte de sua produção à exportação, cuja composição (soma das cinco regiões) está concentrada em dez produtos da agromineração.

Ao considerar a balança comercial externa, observa-se que a participação nas exportações da região Norte saltou de 4,9%, em 1997, para 12,2%, em 2021, sendo responsável pelo segundo melhor resultado entre as Grandes Regiões geográficas do país. De 2003 a 2021, por exemplo, a região também apresentou desempenho positivo em todos os anos, embora com saldo inferior aos registrados pelo Centro-Oeste.

No ano 2021, o Norte apresentou exuberante saldo positivo de US$ 17,8 bilhões, sendo o estado do Pará responsável por mais de 80% das exportações da região. No caso do estado do Amazonas, nota-se que grande parte de sua produção se destina ao mercado doméstico.

Curiosamente, as duas regiões são as que possuem os piores indicadores socioeconômicos, em especial no mundo do trabalho. Dada a fragilidade de uma população marcada pela espoliação da força de trabalho, as relações laborais ainda carregam forte herança do domínio colonial, que sobrevive na concentração fundiária, sob o comando das oligarquias agrárias.

No âmbito do funcionamento do mercado de trabalho, o Norte está muito próximo ao Nordeste, apresentando a taxa mais elevada de informalidade (63%) e o segundo menor rendimento médio do trabalho no ano 2020. Embora o estado do Pará seja o 4º maior exportador entre as 27 UF, conta com 28% da população ocupada de 14 anos ou mais com rendimento de até 1/2 salário mínimo mensal.

Por outro lado, apenas 6% dos ocupados recebiam rendimentos acima de 5 salários-mínimos mensais. Essa combinação de variáveis revela a face do agronegócio, com tendência maior ao recrudescimento das desigualdades internas e regionais (Gráfico 17).

Gráfico 17 – População ocupada de 14 anos ou mais de idade, por intervalo de rendimento mensal de todos os trabalhos, 2020

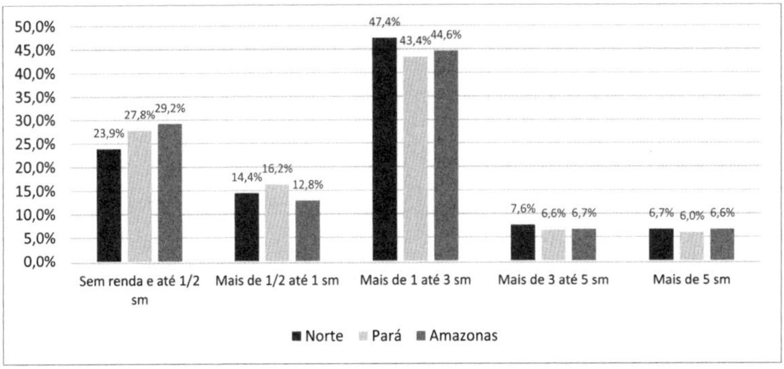

Fonte: IBGE, Microdados da PNAD Contínua. Elaboração própria.

Diante da dinâmica espacial e setorial mais recente da economia brasileira, percebe-se o quanto o movimento de reprimarização da pauta de exportação transcorre aliado à especialização da produção nacional. Na abordagem das informações relativas à balança comercial externa, constata-se como o Brasil vem perfazendo, desde a década de 1980, a trajetória de obstaculização do inacabado processo interno de integração comercial.

Pelas informações decorrentes da balança comercial, pode-se confirmar o quanto isso vem acontecendo no país. De fato, entre 1997 e 2021, quando as exportações cresceram 430%, o melhor desempenho ocorreu nos produtos oriundos da pecuária, da agricultura e da mineração, além dos bens semimanufaturados (carnes, farelos, laticínios e combustíveis minerais), que se caracterizam pelo baixo valor agregado.

Por outro lado, as vendas externas de máquinas e equipamentos caíram de 23% para 9% no total das exportações durante o período de 1997 a 2021. Isso decorre do fato de o Brasil se inserir na globalização em plena condição periférica do rebaixamento nas cadeias globais de valor, ao contrário de países como a China e a Coreia do Sul. Nas palavras de Celso Furtado, "a busca de autonomia tecnológica pode ser aferida pelo aumento considerável nos investimentos em pesquisa e desenvolvimento, os quais na Coreia do Sul decuplicaram entre 1970 e 1980".[17]

Após mais de três décadas de inserção passiva e subordinada na globalização imposta pela dominância do receituário neoliberal, o Brasil se distanciou de outros países periféricos. Em geral, observa-se, sobretudo em alguns países asiáticos, o sucesso do esforço do posicionamento nas cadeias globais de valor apoiado nos investimentos em ciência e tecnologia, com o decréscimo no grau da dependência externa e a consolidação do desenvolvimento em bases mais sólidas.

Em resumo, o conjunto das informações decorrentes da evolução da balança comercial interestadual, da participação setorial no VAB nacional de cada UF, da representação demográfica e dos indicadores do mercado de trabalho confirma que as regiões mais desenvolvidas (Sul e Sudeste), que responderam por 70,2% do PIB nacional em 2019, reduziram a sua participação no total das exportações. Somente no período de 1997 a 2019, a sua participação nas exportações totais decresceu de 56% para 48%.

Mesmo assim, conseguiram assegurar saldos líquidos positivos na balança comercial interestadual, comandados pelos estados de São Paulo e Santa Catarina. Esse movimento nas duas regiões mais bem posicionadas no *ranking* regional, a despeito do movimento de desconcentração, descarta a desintegração regional como fenômeno nacional.

Diante da incapacidade de contínua modernização do parque industrial, o Brasil elevou sua dependência externa, aprofundando o sentido do subdesenvolvimento. Após ter alcançado a presença de mais de 3% no PIB mundial, o Brasil passou a decair na riqueza global.

---

[17] Furtado, 1992, p. 51.

Nas regiões Norte e Centro-Oeste, constata-se franco fortalecimento da tríade agricultura-pecuária-extrativismo, com participação mais significativa da agropecuária no Mato Grosso, enquanto no Pará se destacam pecuária e extrativismo. Sem conseguirem manter saldo líquido positivo na balança comercial interestadual, os dois estados têm produção majoritariamente voltada ao mercado externo, com saldos líquidos surpreendentemente positivos. O problema é que o valor agregado aos produtos exportados não é apropriado de forma equilibrada pelos que participam da produção, mas escandalosamente concentrado pelos proprietários dos meios de produção.

A produção para exportação não tem registrado encadeamento a jusante e a montante com outros setores da economia brasileira, produzindo baixo dinamismo regional e nacional. No tocante ao mercado de trabalho, as condições se apresentam mais críticas no Norte, possivelmente pela herança de domínio colonial, uma vez que nessa região o trabalho assalariado e regulado tardou mais a ser incorporado.

Por fim, para o período de 1985 a 2019, não houve reposicionamento das Grandes Regiões no que se refere à participação no PIB nacional. A desintegração se constituiu crescentemente no plano intersetorial, localizada nos estados que se destacaram na produção de *commodities* agrominerais.

A especialização da produção e a reprimarização da pauta de exportação se concentram na produção do agronegócio, notadamente no comportamento da balança comercial externa. Pela dimensão espacial, a produção brasileira revela forte ligação com a divisão regional e social do trabalho, marcada por diferenças profundas entre as Grandes Regiões geográficas do norte e do sul do país.

REFERÊNCIAS BIBLIOGRÁFICAS

ANDRADE, Oswald de. *Serafim Ponte Grande*. 3. ed. São Paulo, Global, 1987.

BARRETO, Lima. *Os bruzundangas*. São Paulo, Ática, 1985.

BASBAUM, Leôncio. *História sincera da República*. 2. ed. São Paulo, Edições L. B., 1963.

BOMFIM, Manoel. *América Latina: males de origem*. Rio de Janeiro, Centro Edelstein de Pesquisas Sociais, 2008.

____. *O Brasil nação*, vol. 2. Brasília, Editora UnB, 2014.

BRASIL. Conselho Nacional de Política Fazendária (Confaz). *Balança Comercial Interestadual*. Disponível em <https://www.confaz.fazenda.gov.br/balanca-comercial-interestadual>. Acesso em 5/8/2022.

____. Ministério da Economia. Secretaria de Relações Exteriores. *Balança comercial e estatísticas de Comércio Exterior*. Disponível em <https://www.gov.br/mdic/pt-br/assuntos/comercio-exterior/estatisticas>. Acesso em 1/8/2022.

BRIZOLA, Leonel. "Discurso proferido na *Conferência da União Nacional dos Estudantes*. Rio de Janeiro, 16 de junho de 1961". Disponível em <https://horadopovo.com.br/brizola-conferencia-na-une-em-1961-o-brasil-os-eua-e-o-caso-cuban>. Acesso em 18/11/2023.

CANO, Wilson. *Desequilíbrios regionais e concentração industrial no Brasil: 1930-1970*. 3. ed. São Paulo, Editora Unesp, 2007.

CARONE, Edgard. *O tenentismo*. São Paulo, Difel, 1975.

CLUBE 3 DE OUTUBRO. *Esboço do Programa Revolucionário de Reconstrução Política e Social do Brasil*, 1932. CPDOC. Dicionário Histórico-Biográfico Brasileiro – pós-1930. 2001. Disponível em <https://cpdoc.fgv.br/acervo/dicionarios/dhbb>. Acesso em 2/9/2022.

180 | REFERÊNCIAS BIBLIOGRÁFICAS

ESPERANÇA e mudança: uma proposta de governo para o Brasil. *Revista do PMDB*, ano 2, n. 4, Fundação Pedroso Horta, out.-nov. 1982.

FRASER, Nancy. *O velho está morrendo e o novo não pode nascer.* São Paulo, A. Literária, 2020.

FURTADO, Celso. *A hegemonia dos Estados Unidos e o subdesenvolvimento da América Latina.* Rio de Janeiro, Civilização Brasileira, 1978.

_____. *Brasil, a construção interrompida.* 3. ed. São Paulo, Paz e Terra, 1992.

_____. *Formação econômica do Brasil.* 34. ed. São Paulo, Companhia das Letras, 2007.

GOULART, João. "Discurso no comício da Central do Brasil. Rio de Janeiro, 13 de março de 1964". Disponível em <https://ensinarhistoria.com.br/s21/wp-content/uploads/2019/03/comicio-da-central-do-brasil-o-ultimo-ato-popular-de-joao-goulart-1.pdf>. Acesso em 18/11/2023.

GUIMARÃES, Ulysses. "Discurso na promulgação da Constituição de 1988". Disponível em <https://www.corensc.gov.br/wp-content/uploads/2018/10/Discurso-Ulisses-Guimar%c3%a3es..pdf>. Acesso em 18/11/2023.

HIRSCHMAN, Albert. *La Estrategia del Desarrollo Económico.* México, Fondo de La Cultura Económica, 1973.

HOLANDA, Francisco. *O estorvo.* São Paulo, Companhia das Letras, 1991.

HOLANDA, Sérgio Buarque de. *Raízes do Brasil.* São Paulo, Companhia das Letras, 2014.

INSTITUTO BRASILEIRO DE GEOGRAFIA E ESTATÍSTICA (IBGE). *Contas regionais do Brasil 2004 a 2008.* Disponível em <https://www.ibge.gov.br/estatisticas/economicas/contas-nacionais/9054-contas-regionais-do-brasil.html?edicao=17236&t=publicacoes>. Acesso em 3/8/2022.

_____. *Estatísticas históricas do Brasil. Séries estatísticas retrospectivas,* volume 3: *Séries econômicas, demográficas e sociais de 1550 a 1985.* Rio de Janeiro, Fundação Instituto Brasileiro de Geografia e Estatística, 1986.

_____. *Sistema de Contas Regionais.* Disponível em <https://www.ibge.gov.br/estatisticas/economicas/contas-nacionais/9054-contas-regionais-do-brasil.html?edicao=17236&t=publicacoes>. Acesso em 1/8/2022.

INSTITUTO DE PESQUISA ECONÔMICA APLICADA (Ipea). *A controvérsia do planejamento na economia brasileira: Roberto Simonsen, Eugênio Gudin.* 3. ed. Brasília, Ipea, 2010.

JESUS, Carolina Maria de. *Quarto de despejo.* 10. ed. São Paulo, Ática, 1992.

LIMA, Oliveira. *Pan-Americanismo (Monroe-Bolívar-Roosevelt)*. Rio de Janeiro/Paris, Garnier, 1907.

MANIFESTO Republicano de 1870. *Os programas dos partidos e o 2º Império*. São Paulo, Américo Brasiliense, 1878, pp. 59-88. Disponível em <https://ediscipInas.usp.br/pluginfile.php/4360902/mod_resource/content/2/manifesto%20republicano%201870.pdf>. Acesso em 3/10/2023.

MARINI, Ruy Mauro. "Dialética da dependência". *Germinal: marxismo e educação em debate*, Salvador, vol. 9, dez. 2017, pp. 325-356.

NABUCO, Joaquim. *O abolicionismo*. Rio de Janeiro, Ceps, 2011.

PRADO, Eduardo. *A ilusão americana*. Brasília, Edições do Senado Federal, 2003.

SANTOS, Milton. *Da totalidade ao lugar*. 1. ed. 3. reimp. São Paulo, Edusp, 2014.

SILVA, Luciana Caetano da. *O elo entre desigualdade regional e desigualdade social*. Maceió/São Paulo, Edufal/FPAbramo, 2019.

TORRES, Alberto. *A organização nacional*. São Paulo, TopBook, 2002.

Título	O Brasil no capitalismo do século XXI: desmodernização e desencadeamento intersetorial
Autores	Marcio Pochmann Luciana Caetano da Silva
Coordenador editorial	Ricardo Lima
Secretário gráfico	Ednilson Tristão
Preparação dos originais	Laís Souza Toledo Pereira
Revisão	Vinícius E. Russi
Editoração eletrônica	Selene Camargo
Design de capa	Estúdio Bogari
Formato	14 x 21 cm
Papel	Avena 80 g/m² – miolo Cartão supremo 250 g/m² – capa
Tipologia	Minion Pro
Número de páginas	184

ESTA OBRA FOI IMPRESSA NA GRÁFICA CS
PARA A EDITORA DA UNICAMP EM FEVEREIRO DE 2025.